隋广义

1962 年出生于中国吉林省长春市，香港鼎益丰国际控股集团有限公司董事局主席，曾任吉林省敦化市副市长。

长年潜心研究、修习东方传统文化，致力研究东方古典哲学与现代投资学结合的相关课题。

创立"东方古典哲学价值投资法"，并应用于市场实践，拥有丰富的产业运作经验。

中国传统文化视域下的企业管理丛书

[主编] 隋广义

投资悟道

东华大学出版社
·上海·

图书在版编目（CIP）数据

投资悟道 / 隋广义主编 . — 上海：东华大学出版社，
2022.7

（中国传统文化视域下的企业管理丛书）

ISBN 978-7-5669-2045-4

Ⅰ.①投… Ⅱ.①隋… Ⅲ.①投资－研究－中国
Ⅳ.① F832.48

中国版本图书馆 CIP 数据核字（2022）第 052975 号

书　　　名　投资悟道
丛 书 名　中国传统文化视域下的企业管理丛书

主　　　编　隋广义
总 策 划　李若雯
编 委 会　陈荣耀　钟祥财　徐培华　崔巍巍

责 任 编 辑　刘　宇
封 面 设 计　奇轮文化

出 版 发 行　东华大学出版社（上海市延安西路 1882 号　邮政编码：200051）
联 系 电 话　021-62373511
营 销 中 心　021-62193056　62373056
出版社网址　http://dhupress.dhu.edu.cn/
天猫旗舰店　http://dhdx.tmall.com
印　　　刷　上海雅昌艺术印刷有限公司
开　　　本　890mm×1240mm　1/32　印张　10.25　字数　190 千
版　　　次　2022 年 7 月第 1 版　印次　2022 年 7 月第 1 次印刷
书　　　号　ISBN 978-7-5669-2045-4
定　　　价　135.00 元

前言

本书研究的是中国投资哲学和投资之道，分为上、中、下三篇。

上篇是"中国古典投资理念之源流"，独辟蹊径地介绍中国经典经济思维逻辑中的投资哲学和思想，说明当今盛行于世的投资思想和理念在中国经济思想史中已经具有其基本逻辑和雏形，这是当今研究经济理论和投资理论的缺门。

中篇是"文化格局与投资智慧"，从文化格局与投资智慧的角度研究中国文化的"儒、道、法"三维格局，实际上揭示的是中国文化的核心、中国文化的内在价值和精神体系。同时，本篇介绍了中国人典型的思维逻辑和方法，即"顿悟"。

下篇是"易学之道"。从易学之源起、流变，以及易学之境界和方法论结构的角度，通俗而又明晰地阐释《易经》

这部经典著作的智慧、理论和方法，使其具有可读性。在理论分析的基础上，结合投资案例和易学之道进行有目的、有针对性的研究和阐述，从而有效揭示东方投资哲学的内在路径和价值体系，实实在在地帮助投资者实现价值创新和运作创新。

本书不同于一般的仅仅从方法论和技术操作层面研究投资艺术的著作，而是把中国智慧、文化底蕴、投资哲学、易学之道和投资方法相结合，构筑的是建立于东方投资哲学基础上，以期成功运作投资哲学的一门经典而又带有艺术特征的东方投资学。因而，本书具有理论和实践的双重价值。

本书适合中国企业家、投资爱好者、中华优秀传统文化和创新思维爱好者阅读。因为全书涉及三大经典智慧——"儒、道、法"、中国经济思想史智慧和《易经》智慧，加上由其专述的具有实践悟性的金融投资学，可以让读者反复感悟和体会。所以，这是一部具有文化内涵的投资应用著作，希望读者读有所获。

本书编委会

2022 年 1 月

目录

上 篇
中国古典投资理念之源流

中　篇

文 化 格 局 与 投 资 智 慧

附　录

易|学|之|卦|意|略|解|

上篇

中国古典投资理念之源流

中国古代以自给自足的小农经济为主体，商品交换和市场机制处于从属或补充的地位。尽管如此，中国传统的经济思想却有着丰富的内容，其中不乏充满睿智的投资理念。它的概貌可以用一个特点、两个源头、三条线索和四个阶段来勾勒。首先，作为传统文化的组成部分，中国古典投资理念的主要特点是智慧致胜，而不是技术为上。其次，《道德经》和《周易》是中国古典投资理念的两个源头，不少经济智慧可以从中寻找源泉。再次，从问题意识的角度看，中国古典投资理念呈现出三条鲜明对立而又互为依存的理论线索，即（1）尊崇市场法则的"善因"与追求富国效应的"兴利"论；（2）凝聚民间智慧的"计然之术"与体现官府谋略的"轻重"学说；（3）"重农抑商"政策下的治生之道和"工商皆本"思潮中的经商秘诀。最后，动态地说，中国古典投资理念经历了一个形成、定型、强化和蜕变的过程，这四个阶段大致出现在先秦时期、秦汉时期、唐宋时期和明清时期。

一、人性假设与"计然之术"

先秦时期是中国传统文化的奠基阶段，那时的学术思想具有鲜明的"道法自然"的特点。从人是自然的一部分，也只有在自然的环境中得以生存和发展的观点出发，各家学派通过对各种社会现象和人类行为的观察，大都认为自利是人的本性，也意识到对人的求富行为要有各种约束。在此前提下，道家提出了尊重自然、无为而治的社会理想，儒家主张道德提升，实现有分工、有等级的制度安排，法家则强调运用国家的力量，集中资源，致力于富国强兵。古典投资理念在这种历史条件下形成，并展现出如下特点：首先是直觉、感性、零碎、间接，专门的论述很少，许多见解是夹杂在人们思考宏大问题（如人与自然，人的命运、自然的运行法则等）时发表的，需要仔细梳理，才能融汇理解。其次，在自给自足的小农经济中，市场交换和商业经营比例有限，相关的实践经验和理论总结更为稀缺，得益于政治、经济和文化的多样性，凝聚着丰富智慧的"计然之术"在春秋时期产生，成为中国古典投资理念的宝贵资料，其影响延绵不绝。

第三，随着战国时期经济体制出现的变化，虽然推崇商业竞争的不乏其人，但是官府投资的倾向及其舆论导向日益明显，商鞅变法的成功和秦始皇统一中国，决定了中国古典投资理念在此后两千余年的基本走向，即认同官府与民间两种投资并存，以前者为主，后者为辅，其间虽有创见，趋势已难扭转。

1. 各派学者笔下的自利人

与旨在利他的慈善公益不同，投资是追求更多收益的利己行为，这种行为何以会产生？其必然性来自哪里？要解答这些问题，就必须追溯到中国经济思想史的源头，这个源头包括两个含义：其一，是时间上的起始；其二，是作为分析方法的哲学上的人性论。在中国历史上，先秦学术的显著特点是百家争鸣、思想活跃，出现了许多传统经济思想的原创观点和深刻见解。作为经济行为的观念引导和经济学研究的理论前提，如何确立人性的基本规定，理所当然地成为各派学者的议论热点。

春秋时的晏婴把人的本性同其生理本能联系起来，说："凡有血气，皆有争心。"[1] 这里的"争"，就是指人们获取和维护自身利益的本能，包括对物质财富的占有及享受，既然

---

[1] 《左传·昭公十年》。

这种心理是与生俱来的，外力（包括统治者或说教者）就无法将其泯灭，所以晏婴强调："饰民之欲，而严其听，禁其心，圣人所难也。"① 同一时代的子产也认为"无欲实难。皆得其欲，以从其事，而要其成，非我有成，其在人乎"②。即要使人没有欲望很难，如果让大家皆得其欲，他们就可以从其事而要其成。

孔子是儒家的创始人，他认为人的本质就是仁，就是爱人，但这种理想人格需要通过努力学习才能够逐步接近，因为在普通人的内心还存在追求自身利益的欲望，即所谓"富与贵，是人之所欲也……贫与贱，是人之所恶也"，对这种客观存在的人性特点，孔子并没有加以一概否定，只是主张财富要"以其道得之"。③

战国时的孟子对儒家思想做了进一步阐发。他提出人性本善，在谈到治理政务时把"善"和"利"对立起来，要求"王，何必曰利"④，只要做到仁义就可以了。但他承认人都有追求享受的欲望，"口之于味也，目之于色也，耳之于声也，鼻之于臭也，四肢之于安佚也，性也"⑤，只有君子才不去强求，因此，统治者应该实施仁政，让百姓拥有恒产，

---

① 《晏子春秋·内篇·谏下》。
② 《左传·襄公三十年》。
③ 《论语·里仁》。
④ 《孟子·梁惠王上》。
⑤ 《孟子·尽心下》。

即长期保有基本的土地和房屋，他断言："民之为道也，有恒产者有恒心，无恒产者无恒心，苟无恒心，放辟邪侈，无不为已。"① 恒产的理想标准是："五亩之宅，树之以桑，五十者可以衣帛矣。鸡豚狗彘之畜，无失其时，七十者可以食肉矣。百亩之田，勿夺其时，八口之家可以无饥矣。谨庠序之教，申之以孝悌之义，颁白者不负戴于道路矣。"② 在这里，孟子把满足民众的经济诉求视为社会稳定和发展的基础。

荀子也是儒家的重要学者，但他的理论已显露出儒法结合的端倪。关于人性，他揭示得很直白："若夫目好色，耳好声，口好味，心好利，骨体肤理好愉佚，是皆生于人之情性者也。"③ "凡人有所一同：饥而欲食，寒而欲暖，劳而欲息，好利而恶害，是人之所生而有也"，"人之情，食欲有刍豢，衣欲有文绣，行欲有舆马，又欲夫余财蓄积之富也。然而穷年累世而不知足者，是人之情也"。④ 这种看法接近于先秦的法家。

《管子》是法家的代表作品，写于春秋至西汉。在《管子》战国时期的作品中体现了对人性的认识，如说："夫凡人之情，见利莫能勿就，见害莫能勿避，其商人通贾，倍道兼行，夜以续日，千里而不远者，利在前也。渔人之入海，

---

① 《孟子·滕文公上》。
② 《孟子·梁惠王上》。
③ 《荀子·性恶》。
④ 《荀子·荣辱》。

海深万仞，就波逆流乘危百里，宿夜不出者，利在水也。"①
统治者要维持自己的地位，就必须赢得百姓拥护，"顺民
心"，而"得人之道，莫如利之"②。因为，"民必得其所欲，
然后听上；听上，然后政可善为也"③。

商鞅是秦国变法的制定者和实施者，变法的目的是富
国强兵，其依据也是他对人性的洞察，在他看来，"民之
性：饥而求食，劳而求佚，苦则索乐，辱则求荣，此民之情
也。"④"民之于利也，若水之于下也，四旁无择也。"⑤"今夫
盗贼上犯君上之所禁，而下失臣民之礼，故名辱而身危，犹
不止者，利也。"⑥"民之欲富贵也，共阖棺而后止。"⑦因此，
商鞅变法的思路就是用物质利益吸引百姓参与"农战"。

相比之下，韩非对自利人的刻画更是入木三分，淋漓尽
致。他说："好利恶害，夫人之所有也……喜利畏罪，人莫
不然"⑧，"夫民之性，恶劳而乐佚"⑨，"人情皆喜贵而恶贱"⑩。
为了证明这一点，他举了五个例子：其一，在官场上，"臣

---

① 《管子·禁藏》。
② 《管子·牧民》。
③ 《管子·五辅》。
④ 《商君书·算地》。
⑤ 《商君书·君臣》。
⑥ 《商君书·算地》。
⑦ 《商君书·赏刑》。
⑧ 《韩非子·难二》。
⑨ 《韩非子·心度》。
⑩ 《韩非子·难三》。

尽死力以与君市，君垂爵禄以与臣市，君臣之际，非父子之亲也，计数之所出也"①；其二，在家庭里，"产男则相贺，产女则杀之。此俱出父母之怀衽，然男子受贺，女子杀之者，虑其后便，计之长利也。故父母之于子也，犹用计算之心以相待也"②；其三，在医患之间，"医善吮人之伤，含人之血，非骨肉之亲也，利所加也"③；其四，在市场上，卖车子的商家希望人富裕，卖棺材的店铺希望有人死亡，"非舆人仁而匠人贼也，人不贵则舆不售，人不死则棺不买，情非憎人也，利在人之死也"④；其五，在雇佣关系上，地主让长工吃得好一点，工钱多一点，"非爱庸客也"⑤，是为了使他们干活卖力点，反过来，雇农耕作勤勉，也"非爱主人也"⑥，是为了得到一份好报酬罢了。他认为社会关系的一切方面都存在利益考虑，未免过于绝对。

　　道家是先秦时期的另一主要学派，他们谈论经济问题不多，但言简意赅，有时立论偏激。如杨朱主张"贵己"，反对以一己之利予"天下"，因为这个"天下"实际上并不是人人的，所以，"古之人，损一毫利天下，不与也。悉天下

---

① 《韩非子·难一》。
② 《韩非子·六反》。
③ 《韩非子·备内》。
④ 《韩非子·备内》。
⑤ 《韩非子·外储说左上》。
⑥ 《韩非子·外储说左上》。

奉一身，不取也。人人不损一毫，人人不利天下，天下治矣"。①

《老子》又名《道德经》，是道家的经典之作，无为而治是其社会管理的核心主张，基于这一信念，《老子》提出了"小国寡民"②的生活图景。在这样一个约制欲望、崇尚简朴的经济模式中，投资行为缺乏空间，但另一方面，由于《老子》崇尚自然秩序，反对干预剥削，则又为普通民众维护并增进自身的经济利益提供了可能，如对"损不足以奉有余"③的社会现实表示不满，相信"我无事而民自富"④，"天地相合，以降甘露，民莫之令而自均"⑤。这种看法也为儒家的孔子所信奉，在回答学生提出的如何从政问题时，他说"因民之所利而利之"是一种"惠而不费"的美政⑥，即国家不需要花费钱财，却又能让百姓获得好处。

不难看出，先秦时期各家学派的研究对象和分析思路各有特点，在承认人都具有自利本性这一点上却是基本一致的。这一方面显示出中国古代思想家思考社会问题的深刻性，也使得中国古典投资理念的萌芽和形成有了内生的依据。

---

① 《列子·杨朱篇》。
② 《老子》第八十章。
③ 《老子》第七十七章。
④ 《老子》第五十七章。
⑤ 《老子》第三十二章。
⑥ 《论语·尧曰》。

2. 求富行为的条件约束

在先秦思想家描述的自利活动中，以求富为目的的就是投资行为，如商业经营等。可以说，自利和投资在很大程度上是重合的，为了自利，人们很难与投资绝缘。但是，自利尽管是人性使然，在一个资源有限的社会里，对人们的求利行为却不能没有必要的约束，这也就意味着，在现实中，任何投资决策都是人们在各种制度约束下求利本性的表现。按照西方经济学的分类，能够对经济活动产生重要影响的制度有两种：一种是可以强制执行的法律、规章；另一种是在社会交往中逐渐形成，需要自觉遵守的习俗、道德等。

在中国古代，周代的治理得到后人肯定，其中周文王的执政理念值得赞许。周文王姬昌，他勤政爱才，重视农业，鼓励通商，在被商纣王幽禁期间，推演《易经》，给出了人们与自然智慧相处的思维方式，成为春秋战国各派学说的重要源头。关于国家在财富分配中的作用，《周易》中说："君子以裒多益寡，称物平施。"[1] 裒，是聚集、敛取、减少的意思；施，即指给与、分配。依据自然规律的要求裒多益寡，表明政府对财富占有负有均衡调剂和公平分配的责任。

《老子》在谈到社会治理时说过："太上，下（不）知

---

[1] 《周易·谦·象》。

有之；其次，亲而预（誉）之；其次，畏之；其次，侮之。"①"下（不）知有之"是道家的理想境界，在这种社会里，统治者遵循自然规律的要求，让各行各业的人安享合理的生活方式，自己则处于"无为"的境界，使社会保持可持续的状态。

最早提出要对财富的占有进行制约的是春秋时的晏婴。他在解释为什么不接受齐景公赏赐的食邑时表示，自己并非不喜欢财富，而是认识到一个人拥有的财富应该有适合的度，无度地追求，什么欲望都满足了，离失去财富和事业败落也就不远了，他说："且夫富，如布帛之有幅焉。为之制度，使无迁也。夫民，生厚而用利，于是乎正德以幅之，使无黜嫚，谓之幅利。利过则为败。吾不敢贪多，所谓幅也。"②约束欲望，不敢贪多，是为了长久地保持财富，这是一种通达的感悟。

"义利"之辩是中国经济思想史上的独特命题之一。义，指社会的道德规范；利，指人们追求的财富，"义利"之辩，讨论的就是二者之间的关系。在孔子之前，人们提出的看法有："利者，义之和也……利物足以和义"③；"德、义，利之

① 《老子》第十七章。
② 《左传·襄公二十八年》。
③ 《周易·乾·文言》。

本也"[1]；"夫义者，利之足也……废义则利不立"[2]；"义以生利，利以丰民"[3]；"义以建利"[4]。这些议论的主要意思是，由于义是一种社会公认的合理或正义准则（《管子·心术》："义者，谓各处其宜也。"《礼记·中庸》："义者，宜也。"），只有遵循这一准则，才能促成人与人之间的共处和合作，从而实现经济利益的增进和分享。因此，作为道德规范的"义"是获得物质财富（利）的基础或前提，无论对社会整体，对统治者，还是对个人，都是如此。

　　儒家对这种义利观作了扩展。孔子说："名以出信，信以守器，器以藏礼，礼以行义，义以生利，利以平民，政之大节也。"[5]在他看来，没有约束地追逐利益对社会不利，"放于利而行，多怨"[6]。怎样才能正当地获得财富？孔子提出了命、礼、义、道、均几个原则。关于"命"，孔子说："死生有命，富贵在天。"[7]"富而可求也，虽执鞭之士，吾亦为之。如不可求，从吾所好。"[8]关于"礼"，孔子批评鲁国大夫季孙在公元前 484 年"欲以田赋"的行为是"不度于

---

① 《左传·僖公二十七年》。
② 《国语·晋语二》。
③ 《国语·晋语一》。
④ 《左传·成公十六年》。
⑤ 《左传·成公二年》。
⑥ 《论语·里仁》。
⑦ 《论语·颜渊》。
⑧ 《论语·述而》。

礼，而贪冒无厌"[1]，他的学生冉求参与了此事，孔子就号召其他门徒"鸣鼓而攻之"[2]。关于"义"，孔子表示："不义而富且贵，于我如浮云。"[3] 关于"道"，孔子强调：富贵或贫贱都要以道为标准决定取舍，否则就是不仁，一个有理想追求的人，是不应该害怕清贫的，所谓"士志于道，而耻恶衣恶食者，未足与议也"[4]。另一方面，"邦有道，贫且贱焉，耻也；邦无道，富且贵焉，耻也。"[5] 在一个可以实现富裕的环境中，还是处在贫困的状态，那就是你自身的问题了。

关于"均"，孔子的视野超出了道德的范围。孔子反对鲁国大夫季孙攻打周边的小国，在他看来，"有国有家者，不患寡而患不均，不患贫而患不安。盖均无贫，和无寡，安无倾"[6]。这里的均，不是平均的意思，而是按照社会地位的高低有差别地占有财富，只要做到了均，就不存在贫了。孔子的思想体系以"仁"为核心，什么是"仁"？孔子的解释是"克己复礼为仁"[7]，这里的"礼"就是西周社会制度，西周是一个等级森严的社会，土地等财富严格按照这种身份地位分配。所以西汉的董仲舒解释说："孔子曰：'不患贫而患

---

① 《左传·哀公十一年》。
② 《论语·先进》。
③ 《论语·述而》。
④ 《论语·里仁》。
⑤ 《论语·泰伯》。
⑥ 《论语·季氏将伐颛顼》。
⑦ 《论语·颜渊》。

不均。'……圣者……故其制人道而差上下也，使富者足以示贵而不至于骄，贫者足以养生而不至于忧，以此为度而调均之。"①

　　荀子同样认为义比利更重要："荣辱之大分，安危利害之常体，先义而后利者荣，先利而后义者辱，荣者常通，辱者常穷，通者常制人，穷者常制于人。"②为什么要对人们的经济活动进行调节？荀子从资源有限的角度展开分析，他说："人生而有欲，欲而不得，则不能无求；求而无度量分界，则不能不争，争则乱，乱则穷。先王恶其乱也，故制礼义以分之，以养人之欲，给人以求，使欲必不穷乎物，物必不屈于欲，两者相持而长。"③他也不赞成在财富问题上搞一刀切，并发挥了一套"维齐非齐"的说辞："分均则不偏，势齐则不壹，众齐则不使。有天有地而上下有差，明王始立而处国有制。夫两贵之不能相事，两贱之不能相使，是天数也……《书》曰：'维齐非齐'，此之谓也。"④"维齐非齐"是《尚书·吕刑》中的说法，意思是说要想实现或维持"齐"（一致、划一）的状态，最好的途径是承认或允许"非齐"的存在，如果只追求形式上的"齐"，其结果必然导致实质性的"非齐"。据此，荀子提出了"明分"的主张，这里的

① 《春秋繁露·度制》。
② 《荀子·荣辱》。
③ 《荀子·礼论》。
④ 《荀子·王制》。

"分"有三种含义：其一是指人们的社会关系；其二是指人们的等级地位；其三是指人们的职业分工。这些都是个人可以获取财富的依据。在荀子看来，"人之生不能无群，群而无分则争，争则乱，乱则穷矣。故无分者，人之大害也；有分者，天下之本利也；而人君者，所以管分之枢要也"，"兼足天下之道在明分"。① 在这种体制安排下，君王以天下之禄"而不自以为多"，低级官兵或平民收入微薄"而不自以为寡"，都是合乎礼义要求的。②

由此可见，儒家学者对规范人们经济行为的思考，有一个从形而上的层面向形而下的层面转变的趋势，这种趋势是和法家学者主张的制度约束逐步靠拢的。如战国时尹文对田骈所说的"人皆自为，而不能为人。故君人者之使人，使其自为用，而不使为我用"③ 大加赞扬，即统治者用人必须考虑到人的自利本能，这也是实行等级分配等制度的原因，"法行于世，则贫贱者不敢怨富贵，富贵者不敢陵（凌）贫贱，愚弱者不敢冀智勇，智勇者不敢鄙愚弱"④。

在经济学上，制度约束的含义是中性的，好的制度可以有效地激励经济行为主体去进行创新性的投资，反之，不好的制度会起到扭曲市场机制的作用，阻碍社会经济的发展。

① 《荀子·富国》。
② 《荀子·荣辱》。
③ 《尹文子·大道下》。
④ 《尹文子·大道上》。

·投资悟道·

　　西周时，文王在《告四方游旅》中表示要提供良好的交易环境，鼓励商业："津济道宿，所至如归。币租轻，乃作母，以行其子。易资贵贱，以均游旅，使无滞，无粥熟，无室市，权内外以立均。"① 春秋时，子产执政期间，做到了"市不豫贾（价）"②，即官府不干预由供需决定的市场商品价格。管仲为相时，虽然把商列为社会的四种职业之末，但他没有贬低商业的意思，而是主张"关市几而不征"，并"通齐国鱼盐之利于东莱"。③

　　战国时，孟子主张"市，廛（宅）而不征，法而不廛"，即不向商业建筑和商品征税，"关，讥而不征"，"廛，无夫里之布"，连对无业游民和宅旁不种桑麻所收的税也要免除，使"天下之商"自由活动。④ 另一方面，对市场上的不规范竞争，孟子持批评态度，他对商业税的起源有一个解释："古之为市也，以其所有易其所无者，有司者治之耳。有贱丈夫焉，必求龙（垄）断而登之，以左右望而罔市利。人皆以为贱，故从而征之。征商，自贱丈夫始矣。"⑤ 这个说法只是揣测，反映出孟子对正常市场秩序的期待。

　　战国时期出现了"禁末"（即停止奢侈品的生产和流通）

---

① 《逸周书·大匡》。
② 《史记·循吏列传》。
③ 《国语·齐语》。
④ 《孟子·公孙丑上》。
⑤ 《孟子·公孙丑下》。

的主张，这是抑商思想和政策的先导。持这种观点的人认为，农业是国民经济的本业，从事奇技淫巧的人多了，就会减少农业劳动力，影响国家致富。李悝认为放任"雕文刻镂"，"锦绣纂组"之类生产会导致"国贫民侈"的后果①。商鞅断言："能事本而禁末者，富。"②《管子》有言："故上不好本事，则末产不禁；末产不禁，则民缓于时事而轻地利；轻地利而求田野之辟，仓廪之实，不可得也。"③还说："侈国之俗"的后果是"国侈则用费，用费则民贫，民贫则奸智生，奸智生则邪巧作"④，"文巧不禁，则民乃淫……省刑之要，在禁文巧"⑤。荀子也把"知务本禁末之为多材（财）也"⑥列为辅佐国君者必须具备的才能之一。

在商鞅推行的农战政策中，抑商倾向十分明显，其做法包括：（1）禁止商人买卖粮食，"使商无得籴，农无得粜"⑦，防止粮商投机牟利和农民不事生产；（2）"重关市之赋"⑧，尤其是对酒、肉等征收重税；（3）商人及其奴隶必须服役，使"农逸而商劳"⑨；（4）实行高粮价政策，以加重商品粮消费

---

① 《说苑·反质》。
② 《商君书·壹言》。
③ 《管子·权修》。
④ 《管子·八观》。
⑤ 《管子·牧民》。
⑥ 《荀子·君道》。
⑦ 《商君书·垦令》。
⑧ 《商君书·垦令》。
⑨ 《商君书·外内》。

人群的负担。值得一提的是，抑商和重农是并行的，其决策动机是为了让"市利尽归于农"①，商鞅认识到，"民之内事，莫苦于农……（农）最苦而赢利少，不如商贾技巧之人"②，"商贾之士佚且利"③，只有把商业的投资收益转移给农业生产者，才能集聚民心，发展农业，实现富国的变法目的。

后来，韩非把末的概念扩大到整个工商业，他把讲仁义的学士、讲纵横的言谈者、带剑的侠士、侍近之臣和工商之民称为对社会有害的五蠹，因为"商工之民，修治苦窳之器，聚弗靡之财，蓄积待时，而侔农夫之利"，故而提出："夫明王治国之政，使其商工游食之民少而名卑，以寡趣本务而趋末作。"④打击民间工商业的必然结果是官府经营的垄断。

在生产力水平比较低下的情况下，为了增加对农业生产者的激励，保证农业生产满足整个社会的需要，对商业规模和投资收益进行总量控制是需要的，但认为农业和商业只是此消彼长的关系，简单地贬低甚至否认商业经营的社会价值，存在着固化和片面的缺陷。从长远和动态的角度看，农业和商业可以有互相依存、互相促进的良性关系，而商业经营所承受的投资风险更大，其收益是与决策者的创新价值相

---

① 《商君书·外内》。
② 《商君书·外内》。
③ 《商君书·算地》。
④ 《韩非子·五蠹》。

对称的。

3. 积著、治生及其他

如前所述，先秦时期是一幅多样化的社会场景，与经济思想精彩缤纷、政策主张各有特色相契合，根植于经营实践的投资智慧也应运而生了，其中由春秋时计然提出的"平籴之策"和"积著之理"堪称经典。"平籴之策"是计然向统治者建议的政府投资方案，意在控制粮食价格的总体平衡；"积著之理"是计然总结的商业投资法则，适用于官府和民间，目的是加快财富积累。二者的共同基点是对经济周期和价格变动的预测。

计然认为粮食价格的波动与农业生产的丰歉有关，而农业收成的好坏除了人类劳动的因素，更主要的是自然环境的循环变化造成的，具体而言："岁在金，穰；水，毁；木，饥；火，旱……六岁穰，六岁旱，十二岁一大饥。"[1]"太阴三岁处金则穰，三岁处水则毁，三岁处木则康，三岁处火则旱。故散有时积，籴有时领，则决万物不过三岁而发矣……天下六岁一穰，六岁一康，凡十二岁一饥。"[2]

农业收成在 12 年中的周期变化会导致粮食供给的过剩或短缺，价格波动不可避免，这就需要政府在粮价下跌时以

---

[1] 《史记·货殖列传》。
[2] 《越绝书·计倪内经》。

高于市场的价格收购粮食，在粮价过高时以低于市场的价格
出售，使粮价维持在每石三十至八十钱之间。在计然看来，
粮价如果因为丰收而跌到每石二十钱，就会严重损害农民的
利益，进而妨碍农业生产的顺利进行；反之，由于歉收而使
粮价高达每石九十钱，则不利于手工业和商业，所谓"粜，
二十病农，九十病末，末病则财不出，农病则草不辟"，由
官府出面通过低价买进高价卖出，把粮食价格控制在合理区
间，"则农末俱利"，这是使"平粜齐物，关市不乏"的"治
国之道"。在这段论述中，官府在运作"平粜之策"时是要
预付资金的，这笔资金包括收购粮食款和粮食保管、粮库管
理等支出，售出粮食后这笔投资的余额应该很可观，加上价
格平稳带来的社会经济发展，所以这一政策"修之十年，国
富"。①

"积著之理"的内容如下："务完物，无息币。以物相
贸，易腐败而食之货勿留，无敢居贵。论其有余不足，则知
贵贱。贵上极则反贱，贱下极则反贵。贵出如粪土，贱取如
珠玉。财币欲其行如流水。"②此外，另一部文献中也记载
有计然所说的"水则资车，旱则资舟，物之理也"③等语。

商业投资何以能获利？计然告诉人们：资金应该始终

① 本段引文均见《史记·货殖列传》。
② 《史记·货殖列传》。
③ 《越绝书·计倪内径》。

处于流水般的周转中；在商品交易中，必须高度重视货物质量，不能有居奇囤积、贪求暴利的投机侥幸心理；要密切关注市场供求情况，及时判断价格变动的趋势；在一种商品价格上涨到高位时要像垃圾一样果断抛售，反之，在一种商品价格下跌到谷底时要像珍宝一样大胆买进；在确定经营品种时，要有未雨绸缪、占得先机的眼光；所有这些诀窍，都需要投资者在积累经验的基础上，凭借悟性和灵感，得以运用和提升。通过对商业经营规律的精到揭示和形象表述，"积著之理"生动体现了中国古典投资理念的思维特点和智慧高度，范蠡依靠它发了大财，但官府很难运用得好。

相传孔子有三千弟子，具备特殊才能者七十二位，其中的子贡会做生意，此人善于辞令，经商于曹、鲁间，富至千金。他的投资秘籍是：（1）囤积货物，待价而沽，如果有一块美玉，就应该藏在柜子里，"求善价"①再出手；（2）贱卖贵买，"好废举，与时转货赀"②；（3）了解行情，善于判断，这是能够赚取买卖差价的关键，而子贡的聪明就在于"臆则屡中"③；（4）认识到物以稀为贵的道理，在他看来，"君之所以贵玉而贱珉（一种普通的石头）者，何也？为夫玉之少而珉之多邪"④；（5）与官府处理好关系，作为民间商人，

---

① 《论语·子罕》。
② 《史记·仲尼弟子列传》。
③ 《论语·先进》。
④ 《荀子·法行》。

他留意"结驷连骑，束帛之币，以聘亨诸侯"之事，最终"得执（势）而益彰"。①但在实践中，这是一把"成也萧何，败也萧何"的双刃剑。

战国时的白圭是一位成功的投资者。他生活简朴，"能薄饮，忍嗜欲，节衣服，与用事僮仆同苦乐"，又具备优异的经商才能，曾说："吾治生产，犹伊尹、吕尚之谋，孙、吴用兵，商鞅行法是也。"在思想方法上，他是一个"乐观时变"的人，这很适合在瞬息多变的市场竞争中打拼。在决策特点上，白圭遵循的原则是：（1）做与普通人不一样的事情，"人弃我取，人取我与"，具体而言，就是"岁熟取谷，予之丝漆；茧出取帛絮，予之食"；（2）抓住时机，果断出手，"趋时若猛兽鸷鸟之发"，就像饿虎扑食一般；（3）薄利多销，注重质量，所谓"欲长钱，取下谷"，就是选择做利润虽然不高，但市场需求量很大的生意，"长石斗，取上种"，就是出售农业种子等商品时，必须保证优质；（4）勇于实践，积累经验，每当新的商机来临，"有所试矣，能试有所长，非苟而已也"。白圭的投资心得言简意赅，充满哲理，与计然的总结相得益彰，传为美谈，故史上有"天下言治生祖白圭"之说。②

---

① 《史记·货殖列传》。

② 本段引文均见《史记·货殖列传》。

二、"善者因之"与"轻重"学说

公元前 221 年，秦始皇消灭六国，建立起大一统的专制封建国家。十五年后，秦朝被推翻，经过五年的战争，刘邦建立了西汉政权。史家认为，秦汉是中国历史上的一个重要转折时期，在政治体制上由分散实现了集中，学术文化上由多样走向了单一，经济模式由竞争趋向于控制。这一变局对中国古典投资理念的演进产生了深刻影响。

秦汉时期出现了中国古代最高水平的自由竞争主张，同时也形成了官府干预及其政策实践的路径依赖。前者是司马迁提出的"善者因之"论，其中包含精彩的经济洞见和投资分析，这是先秦道家和儒家思想的融合，也是西汉前期实施宽松政策带来的经济增长的产物。但在大一统的国家治理过程中，由官费日增和对外战争导致的财政压力，致使统治集团重走战国时商鞅倡导的控制市场获取利益的老路，经过《管子》轻重学说的论证，对经商规律的借鉴，官营工商业体制得以建立。尽管董仲舒等人预言了"与民争利"的危害性，西汉的征收高额财产税（算缗）严重打击了民间投资，但官商体制具有短期、快速和巨大的获利能力，确保了官府投资的胜出。在内法外儒完成的同时，古典投资理念的格局也定型了。处在这种投资方式变局的夹缝中，有两种投资智慧依然存在，一种是诸葛亮、葛洪等人基于对自然规律的感悟，或继续批评不道德的财富劫夺，或力求理性地安排农业生产；另一种是在家庭农业经营中，氾胜之、崔寔、贾思勰等人总结了微观层面的管理经验，提出了提高投资效益的若干主张，这是先秦时期"计然之术"在新的制度环境中的延续和丰富。

1. 千古绝唱的市场经济论

当人们由衷折服于计然等人的投资智慧时，有一个人是不应该被忘记的，他就是把前人的思想遗产保存下来的历史学家司马迁。从学派归属上说，司马迁是儒者，但他处在一个特殊的"罢黜百家，独尊儒术"时代，所思所写具有了新的学术意义。对古典投资理念的发展来说，司马迁的贡献表现在三个方面：其一，继承了先秦崇尚自由的宝贵传统，提出了中国历史上水平最高的市场经济主张；其二，通过《史记·货殖列传》等篇章的撰写，整理和肯定了一批重要的史料和人物；其三，在记载各地风土人情、分析行业经营状况的过程中，他本人的投资理念也得到了体现。

司马迁是历史学家，但不乏对经济学的透彻感悟。关于人的自利本性，司马迁写道："夫神农以前，吾不知已。至若《诗》《书》所述虞夏以来，耳目欲极声色之好，口欲穷刍豢之味，身安逸乐而心夸矜势能之荣使。使俗之渐民久矣，虽户说以眇论，终不能化。"在他看来，"富者，人之情性，所不学而俱欲者也"。例如，在朝廷上为统治者出谋划策的"贤人"，在战场上冲锋陷阵的勇士，在市井间为非作歹的混混，在青楼里卖笑的女子，在深山里冒险的猎户，在书堆里作文的书生，为患者看病的医生，都是在追求财富——"农工商贾畜长，固求富益货也。此有知尽能索耳，终不余力而让财矣。"据此，司马迁断言，人们的社会活动都具有追求利益的目的："天下熙熙，皆为利来。天下攘攘，皆为利往。夫千乘之王，万家之侯，百室之君，尚犹患贫，而况匹夫编户之民乎。"①如此犀利的文字，比韩非有过之而无不及。

既然自利是普遍存在的人性，人们从事的各种职业也就只是社会分工的不同、个人选择的结果，并没有高低贵贱的区别，所以司马迁对农工商业是一视同仁的，他引述了《周书》的一段"农不出则乏其食，工不出则乏其事，商不出则三宝绝，虞不出则财匮少，财匮少而山泽不辟矣"，然后说："此四者，民所衣食之原也。原大则饶，原小则鲜。上则富国，下则富家。"又说人们所需要的物品："待农而食之，虞而出之，工而成之，商而通之。此宁有政教发征期会哉？人

---

① 本段引文均见《史记·货殖列传》。

各任其能，竭其力，以得所欲。故物贱之征贵，贵之征贱，各劝其业，乐其事，若水之趋下，日夜无休时，不召而自来，不求而民出之。"这就使政府的产业政策没有必要，经济可以按照它自身的法则自由运行，即所谓"善者因之，其次利道（导）之，其次教诲之，其次整齐之，最下者与之争。"①

这些主张，先秦儒家未曾提过。相传孔子曾求教于老子，作为孔子的传人，司马迁在这里将《老子》的无为而治具体化为经济体制，不啻是青出于蓝而胜于蓝。以法家的自利论为人性假设，以道家的自然论为价值导向，司马迁使儒家的自由经济思想实现了超越，其理论价值弥足珍贵。

基于市场经济的理念，司马迁不惜笔墨，在《史记》中记述商人行迹，加以褒扬。他写作《货殖列传》的初衷即在于"布衣匹夫之人，不害于政，不妨百姓，取之于时而息财富，智者有采焉"②。《史记》中提到的商人有范蠡、白圭、子贡、猗顿、乌氏倮、巴寡妇清、程郑、宛县孔氏、蜀地卓氏、宣曲任氏、关中田啬、关中田兰、韦家栗氏、秦扬、桓发、乐成、雍伯、张里等。这些人何以能够经商致富？司马迁归纳了几条：（1）做别人没有做或不愿做的事情。如蜀地卓氏的祖先是赵国人，炼铁的，赵国被秦国消灭后，卓氏

① 本段引文均见《史记·货殖列传》。
② 《史记·太史公自序》。

被迫迁徙，别人忙着拿钱讨好官吏，他却携带积蓄，远走临邛，重操祖业，"即铁山鼓铸，运筹策"，雇工千人，富比人君。宣曲任氏，不眼红有钱人追求金玉财富，一心经营农业，由于地理位置特殊，"民不得耕种"，粮价高昂，"豪杰金玉尽归任氏，任氏以此起富"。（2）不论产业大小，只要兢兢业业，专心致志，就能成功。秦扬种田务农，桓发搞博彩业，乐成走街叫卖，张氏卖水浆，郅氏磨刀剪，张里给马看病，都实现了财富积累。（3）自制力强，远离浮华。如宣曲任氏生活简约，"非田畜所出弗衣食，公事不毕则身不得饮酒食肉。以此为闾里率，故富而主上重之"。司马迁还总结道：投资经商充满不确定性，变动快，对决策者的要求高，成败取决于能力大小，即所谓"富无经业，则货无常主，能者辐凑，不肖者瓦解"。①

值得一提的是，在分析社会经济问题时，司马迁有着清晰的投资意识。他指出，获得利润是激励人们从事各项经济活动的内在动力，而各行各业的一般利润率则是市场竞争和自由选择相互作用的结果。在《史记·货殖列传》中，他指出拥有百万资财的富豪通过经营"千亩亩钟之田"，或者林业中的"千章之材"，或者畜牧业中的"牧马二百蹄"，或者副业中的"千畦姜韭"，或者渔业中的"千石渔陂"，都可以

---

① 本段引文均见《史记·货殖列传》。

得到与一个"千户之君"年收入相等的二十万钱的收益，在他看来，"佗杂业不中什二，则非吾财也"，即如果得不到百分之二十的利润，就不算是一笔投资成功的资金。当然，这个年平均利润率只是估算，进一步看，各种行业的资金周转速度不同，所以投资效益也有差异，如商业的赚钱机会就比农业多，对经营者综合素质的要求也高，所以司马迁承认："用贫求富，农不如工，工不如商，刺绣文不如倚市门。"由于投资的收益和风险是对称的，司马迁又说："贫富之道，莫之夺予。"①

2. 官府投资体制的提出和实施

司马迁市场经济思想的难能可贵不仅在于其深刻的内容，而且是因为其产生在汉武帝时期。当时的统治者崇尚文治武功，却给国家财政经济增加了负担，在这种情况下，被司马迁批评为"最下者与之争"的官府投资体制形成了。

"轻重"是《管子》书中一组文章的总称，共十九篇，现存十六篇。如前所述，战国时的法家主张抑制民间商业，到了西汉，轻重论者进一步提出由官府直接经营商业；商鞅说要把商人的利益归于农民，轻重论者则明确主张把商人的利益收归官府。为何如此？轻重论者给出了两个理由：其

① 本段引文均见《史记·货殖列传》。

一是防止贫富悬殊造成社会动乱："夫民富则不可以禄使也，贫则不可以罚威也。法令之不行，万民之不治，贫富之不齐也。"他们认为商人的兼并活动造成了贫富差别，而物价波动正是被商人利用的手段，即所谓"蓄贾游市，乘民之不给（足），百倍其本"，国家若熟视无睹，就会丧失社会治理能力，"然则人君非能散积聚，钧（均）羡不足，分并财利而调民事也，则君虽强本趣（驱）耕，而自为铸币而无已，乃今使民下相役耳，恶能以为治乎？"[1]

其二是增加国家的财政收入。轻重论者认为市场上商品的价格是由供求数量决定的，供过于求导致价格下跌，供不应求推动价格上涨，他们借鉴春秋时计然的"平籴之策"，发展出一个官府控制市场价格的理论："夫民有余则轻之，故人君敛之以轻；民不足则重之，故人君散之以重。敛积之以轻，散行之以重，故君必有什倍之利，而财之横（物价）可得而平也。"[2]在这里，轻和重分别代表了价格下跌和上涨，轻重论者认为只要掌握了市场上某种商品的供应数量，就可以控制价格波动，需要时不妨故意"使物一高一下，不得常固"，导致"物之轻重相什而相伯（百）"，"一可以为百""无可以为有""贫可以为富"[3]，使官府获得巨大利益。

---

① 本段引文均见《管子·国蓄》。

② 《管子·国蓄》。

③ 《管子·轻重乙》。

怎样从市场上获得"什倍之利"呢？首先，借助号令。轻重论者设计了一个方法，即官府通过税收的急缓来影响商品上市的数量，进而引起预想的价格波动："今人君籍（征税）求于民，令曰十日而具，则财物之贾（价）什去一。令曰八日而具，则财物之贾什去二。令曰五日而具，则财物之贾什去半。朝令而夕具，则财物之贾什去九。"①因为官府收税的期限越短，农民被迫出卖农产品以换取货币的压力越大，农产品集中上市的数量就越多，其价格也就越低。

其次，实行商品专卖。为了增加财政收入，又要让老百姓"见予之形，不见夺之理"②，最好的办法就是"不籍而赡国"③，即通过官府经营工商业，用加价代替增税。如实行粮食专卖，每石加十钱，男子月食四石，等于每月向他征税四十钱；成年女子月食三石，等于每月向她征税三十钱；儿童月食二石，等于每月向他征税二十钱，遇到荒年，每石粮食加价可以升至二十钱，这样人们多交的钱更为可观，于是，政府虽然没有按亩按户收税，实际上男女老幼"无不服籍者"④。加价的幅度可以根据官府的需要，"国用一不足则加一焉，国用二不足则加二焉……国用十不足则加十焉"⑤。

---

① 《管子·国蓄》。
② 《管子·国蓄》。
③ 《管子·山国轨》。
④ 《管子·国蓄》。
⑤ 《管子·乘马数》。

其三，官府开展借贷业务。同样成书于西汉的《周礼》对高利贷的利息已有规定，因祭祀、丧事而举债的，可以不取利息，因生产需要而借款的，须经官府批准，利息率参照放款人应缴纳的税款，如"于国事受园廛之田而贷万泉者，则期出息五百"[1]。轻重论者则主张由官府借贷取代民间借贷，做法是运用官府积藏的粮食和货币，"春以奉耕，夏以奉耘。耒耜械器，钟饷粮食，毕取赡于君。故大贾蓄家不得豪夺吾民矣"[2]，"无食者予之陈，无种者贷之新，故无什倍之贾，无倍称之民"[3]。为了保证官府得到收益，规定借贷时官府借钱给农民，秋收时谷价下跌，农民要用减价的谷子还给官府，农民还谷后，"国谷之分（半）在上，国谷之重再｜倍"[4]，显然，这是隐形的高利贷。

依据《管子》提出的轻重学说，在汉武帝的授权下，桑弘羊制定和推行了以官（府）商（业）一体为特点的财政政策，内容包括集中铸币权、盐铁官营、均输和平准等。这些举措起初是权宜之计，盐铁官营等做法后来又被废止。

公元8年，王莽建立新朝，他执政期间重点推行了经济改制，内容包括：（1）土地国有，"更名天下田曰'王

① 《周礼·地官·泉府》郑玄注。
② 《管子·国蓄》。
③ 《管子·揆度》。
④ 《管子·臣乘马》。

田'"①，不得买卖，一家男子不满八口而土地超过一井（900亩）的，将余田分给九族邻里乡党，无田的人按制度受田；（2）"奴婢"改名为"私属"，不得买卖；（3）实行工商业政府管制，具体措施是盐、铁、酒官营，垄断铸币权，收山泽物产税和行五均赊贷。

为了贯彻这些政策，王莽制定实施了严厉的惩罚条例，一时间，因买卖田宅、奴婢和私自铸钱，"自诸侯、卿、大夫至于庶民，抵罪者不可胜数"。到始建国四年（公元12年），所谓"王田制"等终因"民怨"而作罢。②值得玩味的是，桑弘羊在推行官商体制时是作为法家代表出场的，为此受到儒家学者（即"盐铁会议"上的贤良、文学）的批评，而王莽向以儒者自诩，他对官商模式的重启，显示出儒法融合的完成。

3. "与民争利"和农家经营

轻重学说和官府投资的动机是通过行政权力来促进社会稳定和经济发展，虽然官府有牟利的考虑，如果能够实现双赢，这种模式本身无可厚非。但是，在中国古代思想家看来，经济和伦理是联系在一起的，人类社会是自然的组成部分，当一种新的经济体制形成并在实践中产生弊端时，出现

---

① 《汉书·王莽传》。
② 《汉书·王莽传》。

激烈的讨论就不可避免了。前面提到，在司马迁的眼中，除了自由放任，官府对经济的其他作为都是不好的，只是程度不同而已，最坏的是"与之争"，这里的"之"，就是市场，就是民间投资者。很明显，司马迁批评的就是桑弘羊的改制。

周厉王时，荣夷公依附特权牟取财富，芮良夫对这种"好专利而不知大难"的行径提出告诫，他说："夫利，百物之所生也，天地之所载也，而或专之，其害多矣。"他认为统治者的责任是遵从自然法则，"将导利而布之上下者也，使神人百物无不得其极"，"匹夫专利，犹谓之盗，王而行之，其归鲜矣"。① 这是从政治角度着眼的。

作为西汉有名望的学者，董仲舒对"与民争利"是明确否定的。他以人们耳熟能详的自然现象为例，指出个人或阶层获得经济利益必须通过各自的渠道：有锐利牙齿的动物头上没角，长了翅膀的飞禽不会有四条腿，这就体现了"天亦有所分予""所受大者不得取小"的法则，"古之所予禄者，不食于力，不动于末，是亦受大者不得取小，与天同意者也。夫已受大，又取小，天不能足，而况人乎！此民之所以嚣嚣若不足也"。所谓"已受大，又取小"，是指那些"身宠而载高位，家温而食厚禄"的人，他们不满足已有的收入，

---

① 本段引文均见《国语·周语上》。

往往"因乘富贵之资力,以与民争利于下",使财富急速膨胀,"众其奴婢,多其牛羊,广其田宅,博其产业,畜其积委",在他们的侵夺下,"民日削月朘,浸以大穷"。由于"富者奢侈羡溢,贫者穷急愁苦;穷急愁苦而上不救,则民不乐生,民不乐生,尚不避死,安能避罪",进而危及社会稳定,所以董仲舒明确提出:"受禄之家,食禄而已,不与民争利,然后利可均布,而民可家足。此上天之理,而亦太古之道,天子之所宜法以为制,大夫之所当循以为行也。"①

在西汉始元六年(公元前81年)召开的盐铁会议上,"与民争利"的做法遭到谴责。贤良、文学指出:"今郡国有盐、铁、酒榷,均输,与民争利。散敦厚之朴,成贪鄙之化。是以百姓就本者寡,趋末者众。"②为什么会发生"与百姓争荠草,与商贾争市利"的情况呢?贤良、文学认为:"无用之官,不急之作,服淫侈之变,无功而衣食县官者众,是以上不足而下困乏也。"③此外,在《汉书·哀帝纪》《汉书·贡禹传》中,也有对与民争利的非议。

官商体制引起争议的另一个原因是运作过程中弊端丛生。在盐铁会议上,贤良、文学列举了官营工商业的种种弊端:"今释其所有,责其所无。百姓贱卖货物,以便上求。

---

① 本段引文均见《汉书·董仲舒传》。
② 《盐铁论·本议》。
③ 《盐铁论·园池》。

间者，郡国或令民作布絮，吏恣留难，与之为市。""行奸卖平，农民重苦，女工再税，未见输之均也。县官猥发，阖门擅市，则万物并收。万物并收，则物腾跃。腾跃，则商贾侔利。自市，则吏容奸。豪吏富商积货储物以待其急，轻贾奸吏收贱以取贵，未见准之平也"，他们说，过去也有均输之策，但仅为"齐劳逸而便贡输"，现在的流弊是官府"为利而贾万物"。①

桑弘羊是商人出身，对投资获利的诀窍，他做过经典的概括："富在术数，不在劳身；利在势居，不在力耕。"②这就是说，追求财富增值不同于简单的农业生产，它需要特殊的投资者才能和其他外部条件的整合，桑弘羊所说的术数和势居，就是《易经》里的算法运用和趋势预判，这是传统文化智慧和商人经营实践的精髓所在。

作为朝廷的财政官员，桑弘羊也想通过术数和势居为财政寻找来源："王者塞天财，禁关市，执准守时，以轻重御民。"③这样做一方面可以防止贫富悬殊，另一方面能够增强国防和救灾能力，所谓"民大富，则不可以禄使也；大强，则不可以罚威也。非散聚均利者不齐。故人主积其食，守其用，制其有余，调其不足，禁溢羡，厄利涂，然后百姓可家

---

① 本段引文均见《盐铁论·本议》。
② 《盐铁论·通有》。
③ 《盐铁论·力耕》。

给人足也"①，"均输之物，府库之财，非所以贾万民而专奉
兵师之用，亦所以赈困乏而备水旱之灾也"②。他否认政府干
预有财政目的，"平准则民不失职，均输则民齐劳逸。故平
准、均输，所以平万物而便百姓，非开利孔而为民罪梯者
也"③。也许，在桑弘羊的逻辑里，汉武帝时用官府投资取代
民间投资是一种"势"，只要"术数"运用得当，就可以成
功，但他没有认识到官商体制的根本问题在于权力失控，缺
乏竞争，监督成本过高。

东汉的荀悦认为官员收入过低才导致与民争利。他指
出："古之禄也备，汉之禄也轻。夫禄必称位，一物不称，
非制也。公禄贬则私利生，私利禄，则廉者匮而贪者丰也。
夫丰贪生私，匮廉贬公，是乱也。"④他强调只有让官吏"下
足以代耕，上足以充祀"，才能"厉其公义，塞其私心"，
"不与下民争利"⑤。其实，收入不足只是与民争利的原因之
一，缺乏约束的人性贪欲才是问题的根源所在。

秦汉以后，学术思想趋于统一，道家重点关注的是个人
养生和医学研究，但也关注现实。东晋时，葛洪对道教理论
有所发展。他认为世间万物各有分工，只要任其所长，社会

---

① 《盐铁论·错币》。
② 《盐铁论·力耕》。
③ 《盐铁论·本议》。
④ 《申鉴·时事》。
⑤ 《汉纪》卷五。

就不会匮乏，因为多样性符合自然界互相依存、生生不息的客观规律，也是达到资源配置优化的必由之路："众力并，则万钧不足举也；群智用，则庶绩不足康也。故繁足者死而不弊，多士者乱而不亡。然剑戟不长於缝缉，锥钻不可以击断，牛马不能吠守，鸡犬不任驾乘。役其所长，则事无废功；避其所短，则世无弃材矣。"①这是对与民争利的间接批评。

两汉时期，人们对农业投资也发表过见解。氾胜之在西汉成帝时任议郎、御史，所辑《氾胜之书》是我国历史上最早的农学专著。为了评估农业经营的成效，《氾胜之书》对某项生产的各项支出收入作了核算："（瓠）一本三实，一区十二实；一亩得二千八百八十实。十亩，凡得五万七千六百瓢。瓢直十钱，并直五十七万六千文。用蚕矢二百石，牛耕功力，直二万六千文。余有五十五万。肥猪、明烛，利在其外。"②这份详细的生产成本费用体现了一定的投资意识。

《四民月令》为东汉崔寔所撰，记录了当时家庭农业的经营情况。为了提高农业投资的效益，崔寔主张在农闲时要"休农息役"，在农忙前夕要"选任田者，以俟农事之起"，一旦进入农业生产程序，则要强化管理，"有不顺命，罚之无疑"。在谈到财务问题时，崔寔要求实行"度入为出，处厥中焉"的制度，同时建议农业家庭根据季节和需要进行商

① 《抱朴子·外篇·务正》。
② 石声汉《氾胜之书今译》。

品交易活动，如在上年的十月、十一月购进大、小豆，在第二年的五、六、七月卖出；在五月购进弊絮、帛和缣，同年十月则将它们售出。这些买卖活动具有赢利目的，不同于某种农产品的单纯买进（如薪炭、韦履、栝楼、麸、杭稻等），或单纯卖出（如胡麻），属于一种农业投资行为。[①]

诸葛亮是中国古代著名的政治家，三国时期辅佐刘备建立蜀汉。他知识渊博，精通天文预测，不仅在指挥军事战役时能够神机妙算，而且运用于经济决策。例如，他强调统治者对农业的明智办法是"唯劝农业，无夺其时，唯薄赋敛，无尽民财"，他称赞唐、虞之世能"用天之时，分地之利，以豫凶年，秋有余粮，以给不足"，周、秦的国君也能"去文就质，而劝民之有利"，而东汉末年的情况则是"诸侯好利，利兴民争，灾害并起，强弱相侵，躬耕者少，末作者多，民如浮云，手足不安"，这些都是违反自然法则的，治理的对策在于让民众"躬耕勤苦，谨身节用"，在宏观层面做到"丰年不奢，凶年不俭，素有蓄积，以备其后"。[②]这些原则同样适用于微观农业经营。

贾思勰当过北魏的高阳太守，他写的《齐民要术》是中国现存最早的完整农书，其中引用的书籍达150多种。书名中的"要术"指的是致富的技巧，书中有《货殖》一

---

① 本段引文均见石声汉《四民月令校注》。
② 《诸葛亮集》卷三《便宜十六策·治人第六》。

篇，贾思勰说："夫治生之道，不仕则农。若昧于田畴，则多匮乏。"①这说明贾思勰是有农业投资意识的。种植榆树可以出卖多种物品，且看下面这些记载："卖柴之利，已自无赀；况诸器物，其利十倍。斫后复生，不劳更种，所谓一劳永逸。能种一顷，岁收（绢）千匹。"②种柳树，"一亩二千一百六十根，三十亩六万四千八百根。根值八钱，合收钱五十一万八千四百文。百树得柴一载（衡量单位），合柴六百四十八载，（载）值钱一百文，柴合收钱六万四千八百文。都合收钱五十八万三千二百文。岁种三十亩，三年九十亩。岁卖三十亩，终岁无穷。"③养鱼，他介绍春秋时范蠡的经验说，"以六亩地为池，池中有九洲，求怀子鲤鱼三尺者二十头，牡（公）鲤鱼长三尺者四头。以上二月上庚日内池中，令水无声，鱼必生……至明二月，得鲤鱼长一尺者一万五千枚，三尺者四万五千枚，二尺者万枚，枚值五十（文），得钱一百二十五万。至明年，得长一尺者十万枚，长二尺者五万枚，长三尺者五万枚，长四尺者四万枚，留长二尺者二千作种，所余者皆货（卖），取钱五百一十五万。候至明年，不可胜计也。"④治生之学在先秦时主要是指经商，自此，家庭农业成为其议论重点。

---

① 《齐民要术·杂说》。
② 《齐民要术·种榆白杨》。
③ 《齐民要术·种槐柳楸梓梧柞》。
④ 范蠡《养鱼经》。

三、"安富"主张与"熙宁新政"

唐、宋两朝，中国社会经济发展进入繁荣时期，版图广阔，但国家机构庞大和管理体制的僵化也使财政负担过重，经济思想领域的相关探讨随之深入。

这是古典投资理念经过激烈争论最终呈现固化的阶段。唐朝的统治者懂得兼听则明，财政官员熟知前代得失，在社会舆论的监督批评下，官府在投资和管理经济方面尚有变通成功的空间。到了宋朝，家大业大，"三冗"（冗员、冗兵、冗费）的核心是钱的问题，因此，改革朝政每每以理清经济与财政的关系，致力于发展生产为旗号，实际上难免步桑弘羊等"兴利之臣"的后尘，不断强化行政干预的力度，扩大官府投资的范围，王安石的新法主张和政策举措可谓典型体现。另一方面，治乱的更迭和朝政的兴衰不断地提醒人们，与官商体制相比，民间投资具有不言而喻的效率优势，因而是社会经济可持续发展的必由之路，也是解决国家财政困难的不二选择，对此，司马光、苏轼等人有清晰的认识，他们与王安石的辩论代表了中国古代两种投资理念的根本分歧，这种分歧不仅涉及双方经济思想的价值观，对自然规律的感悟力，而且显露出截然不同的经济学方法论。

1. 为富人辩护的先声

两汉以后，轻重学说仍然得到运用，但做法有些改进。如在漕运方面，唐代刘晏的办法是由官府出钱雇工，分段运输，"不发丁男，不劳郡县"[1]，这样既确保了漕粮的及时运达，又大大节省了运输费用；在盐政方面，他规定盐户生产的盐由官府收购后可以转售给商人，至于商人把盐运到何处销售，官府不加限制，只在那些商人不愿去或到不了的边远地区，才设立常平盐，实施新的盐法后，"官收厚利而人不知贵"[2]。

在财政政策方面，唐代的官员比较开通。如刘晏提出："因民所急而税之，则国用足。"[3]他强调："户口滋多，则赋税自广，故理财常以养民为先。"[4]史称"历代操利柄为国计者，莫不损下益上"，刘晏却不同，"通拥滞，任才能，富其国而不劳于民，俭于家而利于众"。[5]

杨炎任宰相时建议把国库和皇室私藏重新分开，得到采纳。在税收问题上，他主张："凡百役之费，一钱之敛，先度其数而赋于人，量出以制入。"[6]为此制定实施了"两税

---

① 《旧唐书·食货志下》。
② 《新唐书·食货志四》。
③ 《新唐书·食货志四》。
④ 《资治通鉴·唐纪四十二》。
⑤ 《旧唐书·刘晏列传》。
⑥ 《旧唐书·杨炎列传》。

法"，内容是：以原来的户税、地税为基础，重新确定税额，租庸调折钱并入户税，地税征米，户税征钱，征时可以折纳，新税定于每年夏、秋两季征收，商贾按资三十税一。"量出以制入"和先秦儒家的"量入以为出"①主张不同，实施效果也要看具体情况，因为"量入以为出"虽然可以避免财政赤字，但如果缺乏对入的限制，也会导致财政搜括，反过来，杨炎提出的"量出以制入"如果是在政府节用的情况下实施，百姓的税赋是有望减轻的。"两税法"在唐德宗的支持下得到推行，实现了"人不土断（定户籍）而地著（安土），赋不加敛而增入，版籍不造而得其虚实，贪吏不诚而奸无所取，自是轻重之权，始归于朝廷"②。

但在贯彻过程中，"两税法"存在的某些问题受到批评。如陆贽指出"两税法"以资产为计算依据，征收的是货币，遵循的是"量出以制入"，这些都会造成农民贫困，妨碍农业生产，在他看来，"当今之务，在于厚人而薄财，损上以益下。下苟利矣，上必安焉，则少损者所以招大益也。人既厚矣，财必赡焉，则暂薄者所以成永厚也。"③李翱认为统治者不应该在怎样才能多收老百姓的税赋上绞尽脑汁，因为过重的搜括反而不利于经济的发展，他提醒说："人皆知重敛

---

① 《礼记·王制》。
② 《旧唐书·杨炎列传》。
③ 《陆宣公集·均节赋税恤百姓第三条》。

之可以得财，而不知轻敛之得财愈多也"，因为"重敛则人贫，人贫则流者不归而天下之人不来，由是土地虽大，有荒而不耕者，虽耕之而地力有所遗，人日益困，财日益匮"，反之，"轻敛则人乐其生，人乐其生则居者不流而流者日来，则土地无荒，桑柘日繁，尽力耕之，地有余利，人日益富，兵日益强"。[①] 这个分析与美国经济学家画出的"拉弗曲线"有异曲同工之妙。

白居易强调统治者有责任调节商品流通以满足人们的各种需求，但这种调节不能以获取财政收入为目的，而且运用的工具应该仅限于货币。他指出"夫天之道无常，故岁有丰必有凶；地之利有限，故物有盈必有缩"，统治者的职能就在于"调而均之"。[②] 他所说的"均"，并不是人为地平分财富，而是通过轻重、敛散，"使百货通流，四人交利"[③]，"百货之价自平，四人之利咸遂"[④]。从经济学角度看，认为社会成员的利益实现应该在市场，这是深刻之见。虽然白居易所说的市场还有行政干预成分，但由供求和竞争来决定各行各业的投资回报，显然更有利于提供对行为主体的激励，进而优化资源配置。

---

① 《李文公集·平赋书》。
② 《策林·辨水旱之灾·明存救之术》。
③ 《策林·息游堕策》。
④ 《策林·平百货之价》。

"安富"[1]是先秦儒家的养民政策之一。所谓安富，换句话说就是维护投资者的合法利益。西汉时，桑弘羊对经商致富持肯定态度，他回顾历史说："子贡以著积显于诸侯，陶朱公以货殖尊于当世。富者交焉，贫者赡焉。故上自人君，下及布衣之士，莫不戴其德，称其仁。"[2]这就是说，社会上的贫富差别不仅有矛盾对立的一面，而且存在互相依赖的关系。唐代柳宗元表示："夫富室，贫之母也，诚不可破坏。然使其太幸而役于下，则又不可。"[3]他虽然不主张放纵富人，但对其扶助贫困的公益行为加以肯定，救助穷人和赈济灾荒虽然没有财富回报，却是中国古代民间投资者谋求社会承认和价值体现的理性选择。此后，类似的呼声连绵不断，日益高涨。

2. 两种投资理念的交锋

北宋时期，不立田制，冗员日多，加上连年战争，逐渐形成了积贫积弱之势。仁宗以后，范仲淹、欧阳修、王安石等人要求改革财经体制，并付诸实施。

庆历三年（公元 1043 年），出任参知政事的范仲淹建议并实施改革，举措有明黜陟、抑侥幸、精贡举、择官长、均

---

① 《周礼·地官·大司徒》。
② 《盐铁论·贫富第十七》。
③ 《柳河东集·答元饶州论政理书》。

公田（官员职田）、厚农桑、修武备、减徭役、覃（广）恩泽、重命令等。

欧阳修是范仲淹庆历新政的支持者，康定元年（公元1040年），欧阳修写《通进司上书》，提出解决国家财政困难的理财三法，即通漕运，尽地利，权商贾。通漕运是要恢复以前的做法，运粮至关西，支持对西夏的军事行动。尽地利是要改善农民生活，促进农业生产。关于权商贾，欧阳修写道："臣闻秦废王法，启兼并，其上侵公利，下刻细民，为国之患久矣。自汉以来，尝欲为法而抑夺之，然不能也"，其原因在于，"为国者兴利日繁，兼并者趋利日巧，至其甚也，商贾坐而权国利。其故非他，由兴利广也。兴利广则上难专，必与下而共之，然后通流而不滞。"因此，他反对"夺商之利"，认为"利不可专，欲专而反损"，"夺商之谋益深，则为国之利益损"，并进一步指出："大国之善为术者，不惜其利而诱大商，此与商贾共利，取少而致多之术也。"①要求统治者与商人共沾投资收益，是发前人之未发的大胆言论。

相比之下，王安石在熙宁二年（公元1069年）实施的变法范围广、时间长、影响大，引发的争论也很激烈。"熙宁新政"的内容除了三舍法、保甲法和将兵法，都与财政经济相关，主要有均输法、青苗法（即常平法）、农田水利法、

---

① 本段引文均见《欧阳修全集（上）·居士集》。

免役法、市易法、方田均税法。

王安石实施变法的目的是走出当时的经济困境，他认为这是由兼并引起的："今一州一县便须有兼并之家，一岁坐收息至数万贯者……今富者兼并百姓，乃至过于王公，贫者或不免转死沟壑。"[1] 因此，抑兼并成为变法的主要手段，如均输法是要改变"富商大贾因时乘公私之急，以擅轻重敛散之权"的局面，"稍收轻重敛散之权，归之公上"[2]；实施市易法是仿效"古通有无，权贵贱，以平物价，所以抑兼并也"[3]；行青苗法是因为"人之困乏常在新陈不接之际，兼并之家乘其急以邀倍息，而贷者常苦于不得"，实行青苗法则可"使农人有以赴时趋事，而兼并不得乘其急"[4]；制定免役法也是要"抑兼并，便趋农"[5]。不过，王安石要抑的是商人的兼并，对地主的兼并却采取温和和淡化的策略，他对宋神宗说："今朝廷治农事未有法……播种收获，补助不足，待兼并有力之人而后全具者甚众。如何可遽夺其田以赋贫民？此其势固不可行，纵可行，亦未为利。"[6] 所以，变法打击的对象主要是商人，其思路仍然是以官府投资取代民间投资。

---

① 《续资治通鉴长编》卷二四〇熙宁五年十一月戊午。
② 《临川先生文集·乞制置三司条例》。
③ 《续资治通鉴长编》卷二三一熙宁五年二月丙午。
④ 《宋会要辑稿·食货四之一六》。
⑤ 《续资治通鉴长编》卷二三七熙宁五年八月辛丑。
⑥ 《续资治通鉴长编》卷二一三熙宁三年七月癸丑。

为了说明官府投资的必要性和合理性，王安石做了一番理论上的辨析，在他看来，"理财"和"言利"是两个不同的概念，后者不足取，前者则是正当的，他对友人说："孟子所言利者，为利吾国……理财乃所谓义也。一部《周礼》，理财居其半，周公岂为利哉？"[①]他劝告宋神宗："陛下不殖货利，臣等不计有无，此足风化天下，使不为利。至于为国之体，摧兼并，收其赢余以兴功利，以救艰厄，乃先王政事，不名为好利也。"[②]也就是说，官府投资只要不是为了私利，就不是"言利"，而是"理财"，获得利益是天经地义的，"陛下修常平法，所以助民，至于收息，亦周公遗法也"，桑弘羊实行均输是为了"笼天下货财以奉人主私欲"，"幸游郡国，赏赐至数百万"，他是"兴利之臣"，"今陛下广常平储蓄，抑兼并，振贫弱，置官为天下理财，非所以佐私欲，则安可谓之兴利之臣乎？"[③]

西汉轻重理论的目标是抑制贫富悬殊和调节市场物价，也不讳言官府可以获利，王安石则把通过实施新法增加财政收入说成是与桑弘羊"兴利"不同的"理财"，可谓用心良苦。但是问题在于社会经济的停滞真的是民间投资造成的吗？或者说，用官府投资取代民间投资对经济发展来说是可

① 《临川先生文集》卷七十三。
② 《续资治通鉴长编》卷二四〇熙宁五年十一月丁巳。
③ 《宋会要辑稿·食货》。

持续的吗？

司马光是王安石变法的批评者，他对当时的社会经济有自己的判断。司马光强调经济增长要依靠农、工、商各业的积极性，国家富裕的坚实基础是生产流通的协调发展："善治财者，养其所自来，而收其所有余。故用之不竭，而上下交足也。不善治财者反此。夫农工商贾者，财之所自来也。农尽力，则田善收而谷有余矣。工尽巧，则器斯坚而用有余矣。商贾流通，则有无交而货有余矣。"而要做到这一点，必须让他们的收入分配和劳动付出相一致，所谓"使稼穑者饶乐，而惰游者困苦，则农尽力矣。坚好便用者获利，浮伪侈靡者不售，则工尽巧矣。公家之利，舍其细而取其大，散诸近而收诸远，则商贾流通矣"。但实际情况并非如此，农民不但劳作辛苦，而且负担很重，"官之百赋出焉，百役归焉"，遇到灾荒更是无法生存，"如此而望浮食之民转而缘南亩，难矣"；"彼商贾者，志于利而已矣。今县官数以一切之计变法更令，弃信而夺之。彼无利则弃业而从佗，县官安能止之哉！"在司马光看来，国家财政状况的改善离不开一个好的制度，这个制度将确保人们对投入回报的预期，进而刺激他们的投资积极性，"农工商贾皆乐其业而安其富，则公家何求而不获乎？"①

---

① 本段引文均见《温国文正司马公文集·论财利疏》。

在王安石建议变法时，神宗曾问他，上下穷困是否是税重造成的？王安石认为不是，他把经济停滞归咎于兼并之家，而不是制度缺陷导致的市场萧条。在他的说辞中，税赋沉重和行政越位引起的弊端变成了进一步加强官府干预的理由。司马光的分析则给出了截然不同的逻辑，即执政者必须改变随意"变法更令"，对商人"弃信而夺之"的偏好，让各行各业的行为主体形成稳定的预期，"乐其业而安其富"，才能为国家财政提供不竭之源。①

苏轼认为青苗法就是官府高利贷，是与商贾争利，市易法致使人心恐慌，市面空旷，至于均输法，苏轼指出："夫商贾之事，曲折难行，其买也先期而与钱，其卖也后期而取直，多方相济，委典相通，倍称之息，由此而得。今官买是物必先设官置吏，簿书廪禄，为费已厚，非良不售，非贿不行。是以官买之价，比民必贵，及其卖也，弊复如前，商贾之利，何缘而得。"这样的做法使"豪商大贾，皆疑而不敢动，以为虽不明言贩卖，然既已许之变易，变易既行，而不与商贾争利者，未之闻也。"②这就是说，民间商人的投资之所以不可替代，是因为他们在供求预测和风险承担上具有特殊的禀赋，同样一笔交易，由官府投资和运作，不仅成本高，而且效益差，长远来说并不足取。这种对企业家价值的

---

① 《续资治通鉴长编》卷一九六嘉佑七年正月壬寅。
② 《苏东坡集·上皇帝书》。

揭示和肯定，准确而深刻。苏轼认为促进经济发展的方法不是把什么东西都收入官府，而是减少甚至取消税收，不仅不能与商贾争利，而且还要让更多人从事买卖，如对三百斤以下的经营者免征盐税，使"贫贱之民""不待驱率，一归于盐"。[①]

西汉以来，抑兼并是人们试图解决贫富悬殊问题的对策之一，由于王安石的新政以此为口号，意在夺取民间投资的收益，而且效果不好，后来人们就不谈这个话题了。

3. 从"安富"说到"贫富相济"论

在唐代柳宗元提出"富室，贫之母也"之后，宋代学者对富人社会作用的分析更丰富了。李觏指出：富人是凭借自己的努力获得成功的，为什么要仇恨他们呢？"疾恶之，则任之重，求之多，劳必于是，费必于是，富者几何其不黜而贫也。使天下皆贫，则为之君者，利不利乎？故先王平其繇役，不专取以安之也。"[②]

司马光在分析王安石新法的弊端时发挥了一套贫富依存的理论，他举例说："富者常借贷贫民以自饶，而贫者常假贷富民以自存。虽苦乐不均，然犹彼此相资，以保其生也。"在他看来，富人是有特殊才能的，以勤俭持家，但官府常常

---

① 《苏东坡集·论河北京东盗贼状》。
② 《李直讲先生文集·国用第十六》。

欺辱他们，如发放青苗钱时，"欲以多散为功，故不问民之贫富，各随户等抑配与之"，不仅如此，"州县官吏恐以通欠为负，必令贫富相兼，共为保甲，仍以富者为魁首"，这些做法直接侵犯了富人的利益，因为"贫者得钱随手皆尽，将来粟麦小有不登，二税且不能输，况于息钱？……富人不去，则独偿数家所负，力竭不逮，则官必为之倚阁"。这样做的后果是："贫者既贫，富者亦贫，臣恐十年之外，富者无几何矣。富者既尽，若不幸国家有边隅之警，兴师动众，凡粟帛军须之费，将从谁取之？"①

南宋朱熹认为在地主和佃农之间存在互相需要的关系："乡村小民其间多是无田之家，须就田主讨田耕作。每至耕种耘田时节，又就出主生借谷米，及至终冬成熟，方始一并填还。佃户既赖田主给佃生借以养活家口，田主亦借佃客耕田纳租以供赡家计，二者相须方能存立。"②这是对农村私人投资的正面描述。

叶适是永嘉学派的集大成者，他从多个角度褒扬了富人的社会作用。他写道："县官不幸而失养民之权，转归于富人，其积非一世也。小民之无田者，假田于富人；得田而无以为耕，借资于富人；岁时有急，求于富人；其甚者庸作奴婢，归于富人；游手末作，徘优伎艺，传食于富人；而又上

---

① 本段引文均见《温国文正司马公文集·乞罢条例司常平使疏》。
② 《朱文公文集·劝农文》。

当官输，杂出无数，吏常有非时之责无以应上命，常取具于富人。"总之，"富人者，州县之本，上下之所赖也。富人为天子养小民，又供上用，虽厚取赢以自封殖，计其勤劳亦略相当矣。"他进一步指出："今天下之民，不齐久矣。开阖、敛散、轻重之权不一出于上，而富人大贾分而有之，不知其几千百年也，而遽夺之，可乎？夺之可也，嫉其自利而欲为国利，可乎？呜呼！居今之世，周公固不行是法矣。"①

此外，唐宋时期在金融、救灾、农业等方面出现了新的投资见解。

在金融方面，北宋时沈括强调货币必须流通，他认为："钱利于流，借十室之邑，有钱十万，而聚于一人之家，虽百岁，故十万也。贸而迁之，使人飨十万之利，遍于十室，则利百万矣。迁而不已，钱不可胜计。今至小之邑，常平之蓄不减万缗，使流转于天下，何患钱之不多也。"②这里所说的钱显然是专门用于借贷或预付的商业资本。

在救灾方面，董煟主张发挥富人的作用，让富人的粜米救荒有利可图。在他看来："人之常情，劝之出米，则愈不出，惟以不劝劝之，则其米自出。"即取消行政强制手段，先由上户和富商巨贾出资，命官府派人向丰熟地区购粮赈粜，然后再将本钱归还给原出资者。如果乡人愿意买粮自

---

① 本段引文均见《水心别集·民事下》。
② 《续资治通鉴长编》卷二八三熙宁十年六月丁巳。

籴，则官不限其价，这样，富户仍然可以获得原先的投资利润，"利之所在，自然乐趋，富室亦恐后时，争先发廪，则米不期而自出矣"①。

在农业方面，陈旉强调家庭农业的经营必须遵守自然规律："农事必知天地时宜，则生之，蓄之，长之，育之，熟之，无不遂矣。"②在此前提下，人的主观努力可以让资源得到优化配置，如土地，"时加新沃之土壤，以粪治之，则盖精熟肥美，其力常新壮矣，抑何敝何衰之有？"③为了使农业投资获得预想的收益，陈旉提出了几条原则，其一，考虑周全，"预则立，不预则废"，农业生产涉及面广，时间跨度长，尤其不可草率蛮干，"尤宜念虑者也"④。其二，适度经营，他建议："凡从事于务者，皆当量力而为之，不可苟且，贪多务得，以致终无成遂也""多虚不如少实，广种不如狭收""农之治田，不在连阡跨陌之多，唯其财力相称，则丰穰可期审也"。⑤其三，专心勤勉，"勤劳乃逸乐之基"，只有"志好之，行安之，乐言之，念念在是，不以须臾忘废"，才能"料理缉治"。⑥

---

① 《救荒活民书》卷二《劝分》。
② 《陈旉农书》上卷《天时之宜篇》。
③ 《陈旉农书》上卷《粪田之宜篇》。
④ 《陈旉农书》上卷《念虑之宜篇》。
⑤ 《陈旉农书》上卷《财力之宜篇》。
⑥ 《陈旉农书》上卷《地势之宜篇》。

四、"工商皆本"与《商书》《家训》

明、清两朝是中国封建社会的后期，伴随着江南城镇经济的兴盛和外国科技成果的传入，思想界发生了具有启蒙色彩的观念嬗变，这为古典投资理念的蜕变提供了动力和可能。

这种理念的蜕变表现在三个方面：其一，鉴于社会矛盾激化和经济增长缓慢，人们对既有的制度安排和理论教条提出了追根溯源的质疑，如黄宗羲、顾炎武和王夫之重申私有观念与生俱来，不可扼杀，违反这一人性的历史解释不能轻信，墨守成规的"农本商末论"可以休矣。刘基从顺应人的合理追求的角度，丘濬从理顺经济与财政的应有关系的角度，对国家职能和官府投资作了界定。其二，遵循新的价值导向，黄宗羲对历代财政改革持否定态度，他依据史实归纳的"积累莫返之害"等前朝弊端，被称为"黄宗羲定律"，反映出官府挤压民间投资，直接从事经济事务之路越走越窄。官府介入市场的低效，甚至连最高决策者也察觉到了，如清朝乾隆在谈到钱币管理时承认："大概市井之事，当听民间自为流通。一经官办，本求有益于民，而奉行未协，转多轩格。曩者京师办理钱价，屡变其法，讫无成效，后乃以不治治之。"① 其三，与此相对照，来自民间的投资实践，鼓励富商出资的思路，如暗流涌动，日趋活跃，相关的建议或要诀频繁记载于官方史书和坊间刻本，显示出市场经济自发秩序的扩展生机。

1. 启蒙思潮中的观念突破

刘基即刘伯温，他是元朝进士，屡次弃官，后为明太祖朱元璋运筹定策，建立奇功。他精通经史，长于天文历算之学，以此进言当政者。刘基认为百姓求富是天经地义的，国家的治理关键在于满足他们的需求，"聚其所欲，而勿施其所恶"②。在他看来，各人追求的利益是不同的，"太上以德，其次以政，其下以财"，因此，"致君子莫如德，致小人莫如财，可以君子可以小人，则道之以政，引其善而遏其恶。圣人兼此三者而弗颠其本末，则天下之民无不聚矣"。③ 这就限定了官府的职责，给民间投资预留了必要的空间。

国家的经济职能是什么？丘濬认为是理顺民间的财富关系，而不是直接参与攫取，这也是理财的本义。他指出："所谓理财者，制其田里，教之树畜，各有其有，而不相侵夺，各用其用，而无有亏欠，则财得其理而聚矣。"④ 又说：

---

① 《清高宗实录》卷三一四乾隆十三年五月乙酉。
② 《郁离子·道术》。
③ 《郁离子·公孙无人》。
④ 《大学衍义补·正朝廷·总论朝廷之政》。

"古者藏富于民，民财既理，则人君之用途无不足者。是故善于富国者，必先理民之财，而为国理财者次之。"[①] 基于此，他批评了前人的盐铁官营、均输、平准、算缗、告缗、进奉、和买、劝借、间架税、除陌钱、青苗、市易、经制总钱、鬻爵、度僧等"过取乎民"[②] 的做法，因为官府投资的效益难免低下，"大抵民之为市，则物之良恶，钱之多少，易于通融准折取舍；官与民为市，物必其良，价必定数，又有私心诡计百出其间，而欲行之有利而无弊，难矣"[③]。

黄宗羲、顾炎武和王夫之是明清之际的三大思想家，他们的经济观点犀利、新颖。

黄宗羲说："有生之初，人自各有私也，人各自利也。"[④] 所以，通过工商业经营获得财富无可指摘，古代有"崇本抑末"之说，儒者"以工商为末，妄议抑之"，是缺乏眼光的浅见，他强调，"夫工固圣王之所欲来，商又其愿出于途者，盖皆本也"[⑤]。黄宗羲对前人税制改革之类的做法不以为然，在他看来，魏晋有户、调之名，征收户税；唐初立租庸调法，又加征丁税；杨炎的"两税法"只是并庸，调于租；宋代在两税之外又征丁粮钱米；明代张居正的"一条鞭法"

---

① 《大学衍义补·制国用·总论理财之道上》。
② 《大学衍义补·制国用·贡赋之常》。
③ 《大学衍义补·制国用·市籴之令》。
④ 《明夷待访录·原君》。
⑤ 《明夷待访录·财计三》。

将各种杂税归并，后来又有杂役、旧饷、新饷、练饷等名堂，这些"暴税"使百姓的负担不断加重，形成了"积累莫返之害"①，必须加以谴责和革除。在很大程度上，"黄宗羲定律"成为中国古代经济运行的路径依赖和增长瓶颈。

顾炎武认为："天下之人，各怀其家，各私其子，其常情也。为天子，为百姓之心，必不如其自为。此在三代以上已然矣。圣人者因而用之，用天下之私以成一人之公，而天下治。"② 这就是说，一个社会的治理必须建立在允许个人为增进自身利益而努力的基础之上，统治者出于"为百姓之心"而包办一切，效果肯定不如让百姓"自为"。

王夫之重申人有自利的本性，而社会上的贫富差别根源在于各人能力和品德的差异，因此，宋朝朱熹把周代田制中的"彻"解释成"通力合作，计亩均收"是不切实际的："人之有强羸之不齐，勤惰之不等，愿诈之不一，天定之矣"，"今使通力合作，则惰者得以因人而成事，计亩均收，则奸者得以欺冒而多取"，"自合作者言之，则必计亩出夫，而人少者不足，人多者有余；自均收言之，则但因亩必分，而此有余而彼且不饱。使耕尽人力而收必计口，则彼为此耕而此受彼养，恐一父之子不能得此，而况悠悠之邻里乎"，

---

① 《明夷待访录·田制三》。
② 《亭林文集·郡县论五》。

显然，可行的办法只能是"人各自治其田而自收之"。^①另一方面，从有钱人可以发挥救助穷人和赈灾作用的角度，王夫之断言："故大贾富民者，国之司命也。"^②

此后，唐甄强调国富的基础在于民富："立国之道无他，惟在于富。自古未有国贫而可以为国者"，但关键是要做到"富在编户，不在府库。若编户空虚，虽府库之财积如丘山，实为贫国，不可以为国矣"。在唐甄看来，清王朝建立以来，"为政者无一人以富民为事，上言者无一人以富民为言。至于为家，则营田园，计子孙，莫不求富而忧贫。何其明于家而昧于国也！"^③这番见解意在保护民间投资者。

2. 商业投资的拓展和管理

在商业投资方面，随着社会经济的发展，官府在金融领域也开展了业务，如清朝的官钱局、生息银两等。生息银两起初还用于经营商业和农业，乾隆后期成为纯粹的生息资本。这笔资金在内帑库银中拨出，交给内务府或八旗各省衙门作为本金，由这些衙门掌握营运，乾隆以后本金来源多元化。生息的途径有置产（田、房）收租、开店经营、发商取利等，其中以开设当铺和发商取利为多。所获息银除了恩

---

① 《四书稗疏·论语下篇·彻》。
② 《黄书》。
③ 本段引文均见《潜书》。

赏，还用于支付内务府本衙门及各旗各官府的差旅、办公费用，补贴地方行政开支，整治水利，备赈灾荒等。

雍正十二年（公元 1734 年），朝廷令各地规范生息银两管理："朕赏各省兵丁生息银两，原交与该管大员，善为营运，以济缓急之用"，以前"将此银借给兵丁，收取利息，以为赏恤"属"草率从事"，已予禁止，"近闻仍有无识无能之总兵官，希图省事，暗中借给兵丁者。又有兵丁假商人借领之名，而其实有用官银缴利者……着各该管大员一一清查，若有似此情弊，速行更改。倘官银不敷营运，不妨据实奏闻。或地僻难以招商，不妨轻减利息"，如若不改，"则该管大员经理不善之罪，无可宽贷。除从重议处外，仍将亏欠之项，责令赔补"。④

为了提高投资效益，川陕总督查阿郎等人于乾隆元年（公元 1736 年）提出五条改进原则：一、营运应变通，"无力兵丁如有急需，即以所存生息银两随时借给，每人不得过五两，每月一分起息，于应领饷银内分五季扣除"；二、生息宜因地，可以分一分五厘、一分等起息标准"给当商领银营运"；三、本银宜划一；四、收放宜慎重；五、赏恤宜酌量。这些建议获得批准。⑤

乾隆七年（公元 1742 年），大学士等肯定生息银两使

④《清世宗实录》卷一百四十九雍正十二年十一月辛丑。
⑤《清高宗实录》卷二十三乾隆元年七月。

军中官兵缓急有赖，兼以利济商民，并提出如下建议：一、"嗣后每年所得息银，除赏给外，余剩存贮司库，不准复行作本生息"；二、直隶、山西、湖广、河南等省之外属各营兵丁，尚有未曾赏给者，四省皆有"以息作本之银，已经充裕，应令该督抚、提镇等量为通融，一体分给"；三、"各省滋生银两利息，约以一分为准，不得过一分五厘"；四、"如违例将息作本，并私取重利者，将该管官指参"。① 他们的意见得到采纳。但实际上一分五厘的利率上限仍时有突破。

民间金融则有始于明代的钱庄、当铺，创立于清代的票号等。

明万历五年（公元 1577 年），福建抚按庞尚鹏提出 14 条整顿福建钱法的办法，其中说："设立铺户，举市镇殷实之家充之，随其资本多寡，赴官买钱以通交易。"② 这是对民间投资货币兑换业务的肯定，即由"殷实之家"出资开钱铺，在官府的管理下从事银钱兑换，以维持钱币的正常流通。他的建议得到朝廷的批准。

中国的汇兑产生于唐代，称为"飞钱"或"便换"。宋代仍流行。明末汇兑重新兴起，由富商经营，汇兑凭证曰"会票"。清道光三年（公元 1823 年），山西日昇昌颜料行改

---

① 《清高宗实录》卷一百六十四乾隆七年四月壬寅。
② 《明神宗实录》卷六六万历五年闰八月辛卯。

组为票号，主营汇兑。此后，蔚泰丰绸缎庄、天成亨布庄等相继改组为票号，山西票号的店铺数量和经营地域快速扩张。票号的兴盛得益于诸多因素，如创办初期官府的放任宽松、在企业内部率先实行"顶身股"等激励措施、长期保持与官府的特殊关系（官款和军饷的汇兑）等，但投资理念的新颖也是重要原因，日昇昌票号里有一副对联：日丽中天万宝精华同耀彩，昇临福地八方辐辏独居奇。独居奇就是敢为人先，勇于创新。

明清时期，民间的各种《商书》流传日广，其中反映了商业投资的观念演变。

关于经商谋略，明代万历年间的余象斗提出："夫人之于生意也，身携万金，必以安顿为主。资囊些少，当以疾进为先""好胜争强，终须有损。重财之托，须要得人。欲放手时，先求收敛""义利之交，财命之托，非恒心者，不可实任""买卖虽与议论，主意实由自心。如贩粮食，要察天时。既走江湖，须知丰歉""水荒尤可，大旱难当。荒年艺物贱，丰岁米粮迟。黑稻种可备水荒，荞麦种可防夏旱。堆垛粮食，须在收割之时，换买布匹，莫向农忙之际。须识迟中有快，当穷好处。藏低再看紧慢，决断不可狐疑。货贱极者，终虽转贵。快极者，决然有迟。迎头快者可买，迎头贱者可停。价高者只宜赶疾，不宜久守，虽有利而卖不多，一跌便重。价轻者方可熬长，却宜本多，行一起而利不少，纵折却轻""货有盛衰，价无常例。放账者纵有利而终久耽虚，无力量一发不可。现做者虽吃亏而许多把稳，有行市得便又行。得意者，志不可骄，骄则必然有失。遭跌者，气不可馁，馁则必无主张。买卖莫错时光，得利就当脱手"。① 这些心得大大丰富了春秋时期的"计然之术"。

关于商业规范，康熙时霍春洲要求："出入公平，不损人利己""等秤平色，勿昧本心""交易一味和气，不成则已。买卖先计子母，不卖违禁私物""不因一时货缺，便高抬时价""不漏税"。②

关于投资准则，乾隆年间的王秉元写道：店家开张，应该先做到以下几点：其一，了解真实的市场行情及其变化；其二，根据自身情况，量力而行，"切不可图好看，扯虚场面，多拉行账在身上"；其三，准确决策，持之以恒，不可随意开张和歇业；其四，勤俭节约，"店内用度及家内用度，务须量入为出，不可大支大用"，要"安分守己，勤于生意，切不可胡作非为，颠狂奢侈"。③

另一方面，在明清《商书》中还记载着若干投资经营的"潜规则"，如王秉元在谈及接待客户时坦言："目今若依古时做生意者，鬼也不上门。时下需要言如胶漆，口甜似蜜，

---

① 《新刻天下四民便览三台万用正宗·商旅门·客商规鉴论》。
② 道光佛山《霍氏族谱》霍春洲《家训·商贾三十六善》。
③ 《贸易须知》。

还要带三分奉承，彼反觉亲熟，买卖相信。"① 这是传统商业进入现代化之前的不足之处。

3. 农业投资的思路和要诀

在农业投资方面，有人主张运用富人的才能提高国家的垦荒、水利等政策效应。徐贞明认为富人的利益是和国家一致的："豪右之利，亦国家之利也，何必夺之。《周礼》使世禄地主之有力者，与其广潴巨野之可以利民者，曰主以利得民，曰薮以富得民。彼小民有利而力不能兴其利，官为之倡，豪右从而率之，则借豪右之力以广小民之力，方欲借之，矧曰夺乎？"他建议发挥富人在组织农业生产上的本领："彼富裕得官者，能以万夫耕，则其材智已出万人之上；能以千夫、百夫耕，则必出于千百人之上。使之练耕夫为胜卒，又皆心附而力倍。子孙席其土，亦不至于遽替。"②

徐光启设计了垦田授爵的鼓励政策，意在吸引富人集资开荒。他认为："垦荒足食，万世永利，而且不烦官帑。招徕之法，计非武功世袭，如虞集所言不可。或疑世职所以待军功，令输财以垦田而得官，与事例何异？"他以古代为例，说："唐虞之世，治水治农，禹稷两人耳，而能平九州之水土，粒天下之烝民，当时之经费何自出乎？盖皆用天下

---

① 《生意世事初阶》第三十一条。
② 本段引文均见《潞水客谈》。

之巨室，使率众而各效其力，事成之后，树为五等之爵以酬之。"这是和他为富人辩护的观点相一致的。在徐光启看来，依靠富人的财力从事垦荒，必能"行不数年，而公私并饶"。①

在古代家训中最早论及农业经营的是南北朝时的颜子推，他在谈到家庭农业的经济意义时认为："生民之本，要当稼穑而食，桑麻以衣，蔬果之畜，园场之所产，鸡豚之善，埘圈之所生，爰及栋宇器械，樵苏脂烛，莫非种植之物也。至能守其业者，闭门而为生之具已足，但家无盐井耳。"②在这种自给自足的家庭农业中，还没有鲜明的投资意识。

明代庞尚鹏的看法有所变化。他告诫后辈说："子弟以儒书为世业，毕力从之。力不能，则必亲农事，劳其身，食其力，乃能立其家。"在他看来："如商贾无厚利，而妄急强为，必至亏尽资本。不如力田，犹为上策。"③明末的《沈氏农书》中也说："第使子孙习知稼穑艰难，亦人家长久之计。每看市井富室易兴易败，端为子弟享逸思淫，现钱易耕耳。古云'万般到底不如农。'正谓此也。"到了清初，张履祥对家庭农业发表了一番见解，他强调："治生以稼穑为先，舍

---

① 本段引文均见《农政全书》卷九《垦田疏》。
② 《颜氏家训·治家》。
③ 《庞氏家训》。

稼穑无可为治生者。"除了经济上的意义之外，务农还具有
道德教化的重要作用："能稼穑则可无求于人，无求于人则
能立廉耻。知稼穑之艰难则不妄求于人。不妄求于人则能兴
礼让。廉耻立，礼让兴，而人心可正、世道可隆矣。"①

土地是最基本的农业生产资料，因而成为农业投资的优
先事项。宋代叶梦得指出：对于务农者来说，"人家未有无
田而可致富者也"，购置田产，"譬如积蓄一般，无劳经营，
而有自然之利，其利虽微而长久"，因此，"有便好田产可买
则买之，勿计厚值"。②清初张英对土地的投资价值有独到的
见解，他说："天下之物，有新则必有故。屋久而颓，衣久
而敝，臧获牛马，服役久而老且死。当其始重价以购，越十
年而其物非故矣。再越十年，而化为乌有矣。独田之为物，
虽百年千年而常新……亘古及今，无有朽蠹颓坏之虑，逃亡
耗缺之忧。呜呼，是洵可宝也哉！""天下货财所积，则时
时有水火盗贼之忧，至珍异之物，尤易招尤速祸。独有田
产，不忧水火，不忧盗贼，虽有强暴之人，不能竟夺尺寸。
虽有万钧之力，亦不能负之以趋。千万顷可以值万金之产，
不劳一人守护……呜呼，举天下之物，不足较其坚固，其可
不思以保之哉！"他承认"田产出息最微，较之商贾，不及
三四"，但经商有风险，而"田产之息，月计不足，岁计有

① 《张杨园先生年谱》。
② 《石林治生家训要略》。

余，岁计不足，世计有余"。①

这些看法在农业社会是有道理的。所以，他们严加禁止出卖田产。张英认为在家庭经营中必须防止欠债，因为偿还债务往往迫使一些人出卖田产。庞尚鹏甚至主张："田地、池塘，不许分析及变卖。有故违者，声大义攻之，摈斥不许入祠堂。"②

既然土地具有这样的投资价值，就必须规范买卖和加强管理。袁采在《袁氏世范·治家》中要求：田产地界必须分明；田产分割应该早印契约明确；不能买进别人的违法田产；购买邻家田产应该适当增价；等等。郑太和提醒家主在买田时要"亲去看视肥瘠，及见在文凭无差，切不可卤莽，以为子孙之害"③。张履祥一方面要求子孙"先世遗业不可不守"，另一方面又主张置田适度："附近田地，须量一家衣食所需，足以耕治可矣。虽力有余，不可多置。多置则宗族邻里即有受其兼并、无土可耕者矣"。④

在投资规模上，明末《沈氏农书》认为精耕细作要比贪大求多更为有利，书中写到："地作稼者第一要勤耕多壅，少种多收。"他引老农的话说："（收）三石也是田，两石也是田，五石也是田。多种不如少种好，又省气力又省田。"

① 《笃素堂文集》卷一四《恒产琐言》。
② 《庞氏家训》。
③ 《郑氏规范》。
④ 《张杨园先生全集》卷四八《训子语下·重世业》。

以种桑为例，"地壅果能一年四壅，搋泥两番，深垦净刮，不荒不蟥，每苗采叶八九十个断然必有。比中地一亩采五十者，岂非一亩兼二亩之息，而工力钱粮地本仍只一亩？孰若以二亩之壅力，合并于一亩者之事半功倍也。"

在一定规模的家庭农业中，组建专业高效的管理团队是确保投资成功的重要环节。对此，郑太和有比较周全的设计，其中，总体管理农庄生产的人被叫作掌门户者，主要对家主负责，自己又具有广博的农业知识，所以应该"选老成有知虑者，通掌门户之事。输纳赋租，皆禀家长而行。至于山林陂池防范之务，与夫增拓田业之勤，计会财息之任，亦并属之"，掌门户者拥有职权，对重要农事必须详细过问，如"增拓产业，长上必须与掌门户者详其物与价等，然后行之"。在他之下，有专门负责具体事务的人员，如"设主记一人，以会货泉谷粟出纳之数""每年之中，命二人掌管新事，所掌收放钱粟之类""所管新麦，必当十分用心，及时收晒，免致颣烂，收支明白，不致亏折，关防勤谨，不致遗失""田地有荒芜者，新管逐年招佃。或遇坍江，亦即书簿，以俟开垦"等。①

关于佃农的雇用和管理，张履祥强调："用人之道，自国与家事无大小，俱当急于讲求。种田无良农，犹授职无良

_____

① 《郑氏规范》。

士也。"他把农业劳动者分为四种，"力勤而愿者为上，多艺而敏者次之，无能而补（朴）者又次之，巧诈而好欺，多言而嗜懒者为下"①。张英指出："良佃之益有三，一在耕种及时，一在培壅有力，一在蓄泄有方。"②对于良农，在使用上要尽其所长，在报酬上要提供激励，如庞尚鹏所说："雇工人及僮仆，除狡猾顽惰斥退外，其余堪用者，必须时其饮食，察其饥寒，均其劳逸……欲得人死力，先结其欢心，其有忠勤可托者，尤宜特加周恤，以示激劝。"③

在张履祥所保留的明末浙江湖州沈氏所写的《沈氏农书》中，对家庭农业的成本核算有比较完整的记载。如关于家庭纺织业的情况是："其常规妇人二名，每年织绢一百二十匹……计得价一百二十两。除应用经丝七百两，该价五十两，纬丝五百两，该价二十七两，箦丝钱、家伙、线、蜡五两，妇人口食十两，共九十两数，实有三十之息。若自己蚕桑，利尚有浮，其为当织无疑也。"又如家庭畜牧业，养羊不仅能出卖羊毛，而且还能繁殖小羊，获得增价，"可抵叶草之本"，至于养猪，虽然要亏损买小猪的本钱，但对积肥意义重大，所以"种田养猪第一要紧，不可以食料贵，遂不问也""耕种之家，惟此最为要务"。

---

① 《张杨园先生全集》卷五〇《补农书下》。
② 《笃素堂文集》卷一四《恒产琐言》。
③ 《庞氏家训》。

中篇

文化格局与投资智慧

中国企业家具有"形儒、内道、重法"的人格特征和文化特性。同时，"形儒、内道、重法"不仅仅是中国企业家的人格特征，实际也是中国文化的基本特征。

儒学研究的是"仁、义、德"，即人的本性特征、人格特征，"厚德载物"讲的就是"德和万物"之间的关系，只有"厚德"方能载物。

道的本意在于研究"才"和"能"，即在于对万物本性特征把握的基础上，对其运行规律的驾驭和运行。

法的内涵是"法、术、势"三者的统一，是诚信、规则和逻辑关系的表达。所以，正是"儒、道、法"三者的结合，即"厚德、循道、重法"三维结构的统一，体现了中国文化的基本特性。为人重"德"，运势循"道"，处事重"信"，重"法"，即"循道、厚德、守信"三者的结合。由此实现厚德载物、运行循道、守信重法的中国经典文化的三维结构，体现了中国文化的整体特征和运作路径。

由此可见，只要是涉及中国文化底蕴的人、事、物，结果都能感知其"循道、厚德、重法"的基本特征，都可以在"形儒、内道、重法"的文化印记中找到它的运行逻辑和文化密码。所以，研究中国经济、中国管理、中国文化、中国投资乃至中国模式，应首先理解"儒、道、法"的文化内蕴及其内在的逻辑结构。

一、形儒、内道、重法

西方管理模式强调规章制度的严密性、决策程序的科学性和市场拓进的有效性（一靠新技术，二靠规模效益）。日本管理模式则是强调"和为贵"原则，强调群体精神，强调市场争夺的谋略性。所以，西方管理具有逻辑管理的特点，日本管理具有战略管理的特点。而中国管理（主要是指基于儒家文化基础上的中国式管理）则是融合二者之长，形成"形儒、内道、重法"的管理格局。

"形儒"注重道德和仁义的作用；"内道"讲究的是事物的本质特性与运行规律；"重法"就是贯穿"管理靠法家"

这样的命题。①

1. 形儒——道之本

明代思想家吕新吾在《呻吟录》中提到:"深沉厚重,是第一等资质;磊落豪雄,是第二等资质;聪明才辩,是第三等资质。"企业家,必须是具有魅力的人物,他们对周围人具有一种强大的吸引力,他们可以把周围的人团结在自己身边,促使他们为实现企业的目标而共同奋斗,这就是所谓的深沉厚重,魅力十足,吸引力超乎众人。相反,一个不能对周围人产生吸引力,甚而妒能忌贤,拉帮结派,专门搞内耗的人,不仅不能成就事业,反而会破坏事业。二等资质之人是实干家,他们依靠自己的能力和实际行动来推进事业的进步,因而在领导班子的整体结构中,往往是二把手。至于三等资质之人,由于主要练的是"口功",所以他们做公关、行政和外销人员最为适合。

作为企业的当家人,必须是一个具有魅力的人,一个"仁"者。《论语·阳货》提到,而要能成为"仁"者,就应当首先"格物、致知、正心、修身、齐家",方能"治国、平天下"。而要能成为一等资质人物,成为具有吸引力的人,关键在于充分发挥自身的影响力。按照现代心理学观点,领

---

① 参阅陈荣耀《企业家论纲》第十章。

导影响力主要有两大要素构成，即权力影响力和非权力影响力，见下图。

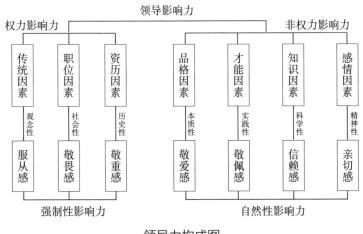

领导力构成图

传统因素。是人们对领导的一种服从感，认为有权便有才，是领导就自然获得了这种力量。

职位因素。个人在组织中的职务与地位，即职位。组织授予的权力使其具有强制下级的力量，可决定下属命运，使被领导者产生敬畏感、敬仰感。职位越高，影响力越大。

资历因素。领导者的资格和经历也是形成影响力的一个因素，它反映一个人过去的经历。由于资历与过去有关，所以也主要属于强制性影响力范畴。

由传统、职务、资历所构成的影响力，都不是领导者的现实行为造就的，而是外界赋予的。它使人们产生服从感、敬畏感、敬重感，其核心是权力。

品格因素。主要包括道德、品行、人格、作风等。因为品格是一个人的本质表现，好的品格能使人产生仰慕、敬仰感。

才能因素。实际才能给事业带来成功，所以它是最重要的影响因素，唯才是举就是由此而来。

知识因素。知识本身就是一种力量，人的知识与才能是相互联系的，知识水平与才能的高低是结合在一起的，知识水平的高低表现为对客观世界的认识水平。

感情因素。感情是一种心理现象，它是人们对客观好恶倾向的一种内在反映。人有感情就有亲切感。在有亲切感的人与人之间，相互吸引力就大。所以，一个领导者对下属亲切关心，就会产生更大的影响力。

品格、才能、知识、感情四者属于非权力影响力，是由领导者自身的素质和行为造就的，它与权力没有直接的关系。一个普通职工具备这四个要素也能产生较大的影响力，成为"群众领袖"。

由此可见，最有水平的管理人员是最善于利用自己非权力影响力因素的人。非权力影响力差，就只能强化权力影响力。适当地利用权力影响力，主要利用非权力影响力，才能构建管理场，实施有效管理。

成功企业的管理者，当然必须选拔一等资质的人物；作为企业的管理者，也可通过"格物、致知、正心、修身"进而成为一等资质之人。由一等资质之人，创一等一管理，形成良好的企业氛围，出一等一产品，做一等一企业。

从形儒到神儒，表明儒家文化内涵的深化。

"形儒"是指儒家文化的形态特征、表象特征，比如儒商、儒将、儒生等。而"神儒"就不再仅仅是儒家文化的形态特征，是其内涵的深化，贯穿于整个精神世界，贯穿于行为方式的各个环节。从形儒到神儒，是对儒家文化内涵特征把握的深化。

儒家文化的内在结构，本身具有能级升华的具体路径和方法，儒家文化经典的"格物、致知、正心、修身、齐家、治国、平天下"，就是典型的内在价值的提升过程，每进入一个新的环节、新的意境，其内涵层次以及对于儒学经典要义的把握就进入一个新的阶层。即逐步由形儒到达神儒。

孔子认为，仁的本性并不是天生就有的，而是必须通过修炼和学习才能达到，因为人本身具有追求自身利益的需求和欲望。

孟子的观点就有所不同，他认为"人之初，性本善"，用"善"来驾驭和统辖"利"，就能达到"善利"的境界。所以，他提倡实施仁政，让百姓有"小国寡民"的恒产，这个社会就稳定了。这一点，又同老子的观点相吻合，老子的理想社会，就是"小国寡民"。

实际上，即便孔子的思想，也不是只讲"仁爱"而无所作为的。孔子认为，"生死有命，富贵在天"，讲的就是如何遵循道法自然的问题。孔子也论"道"，他说，富贵与否，必须以道为标准取舍，否则就是不仁。又说，在可以富裕的环境中，还是贫困，那就是你自己的问题了。这就是儒，儒的内涵有道和法。"儒、道、法"三者，实际上是统一的，即儒中有道，儒中有法。"儒、道、法"三者内涵深层次的统一是文化内涵的升华。同样道家文化、法家文化都有一个内涵和结构逐步深化的过程。

2. 内道——道之道

"道"字从首、从走，意为人走的道路，实质是指事物发展的规律和法则。道就是事物发展的规律和逻辑。懂它、掌握它、研究它、运作它，是全部问题的基础。道之道就是必须懂得这个道，知道这个道的内在逻辑和奥秘。所以，内道，就是指企业家能够把握市场动向，把握企业发展方向，运筹于帷幄之中，决胜于千里之外。班固曾说："请虚以自守，卑弱以自持，此君人南面之术也。"由此可见，"南面之术"不是嚣张跋扈，而是"自守和自持"。

中国要造就一大批一流企业，就必须培养一大批一流企业家，一大批"自守自持"的企业家，一大批深谙内道的企业家。企业必须生产出品质优良的产品，占据国际市场。具体来说，内道包括五个方面：管理之道、柔胜之道、经营之道、权变之道和企业成长之道。

管理之道：严规，亲人，重价值观念。严格合理的规章制度有利于建立管理秩序，充分发挥每一个岗位的作用，从而建立管理秩序和管理之道。要培养良好的人事环境和人事氛围，调动每一个职工的积极性。在管理学中有一句名言：最成功的企业，就是最善于发掘自身员工积极性的企业。要发掘自身员工的积极性，关键就是在价值观念上推行共同的价值准则，价值观念越一致企业越具有凝聚力。用共同的价值准则把全体员工统一起来，从而推行企业精神和企业文化的管理方法。显然，这正是"儒、道、法"在管理上的体现。

柔胜之道：柔弱胜刚强，这是老子的基本思想。当企业家面临自己的产品在世界市场已趋饱和的情况下，如何占据一席之地，这就要靠全胜的谋略和韬略意识。可采用决策战、游击战、运动战等战术，寻找隙缝采用行之有效的致胜之术，去战胜对手，占据市场，以柔弱胜刚强。柔胜之道的本质，就是寻找全新的市场空隙。

经营之道：正确把握企业发展的内外因素，确定企业经营战略重点，把握"需"（市场）、选择"敌"（竞争对手）、分析"我"、确定"友"（联营者）。推行"四满意"策略：价格满意，质量满意，时间满意，服务满意。以及产品质量"四满意"策略：机能上可靠，使用上耐用，操作上方便，享受上安全。建立客户关系网络，实施品牌战略。特别在信息网络经济时代，远程销售、网络销售、电子销售、品牌销售、预期销售等等，都能够产生实际需求。

权变之道：企业生产和经营必须随着环境的变化而不断变更自己的运行方式，实行动态控制，随时捕捉目标，形成有效决策。不通权变之道，即便是科技领先的"世界一流"企业也会陷入困境。

企业成长之道：企业成长之道甚多，无非有密集成长策略，即通过增强市场"密度"来增加市场占有额；一体化成长策略，即企业把购、产、销等经营活动都集中起来，建立托拉斯经营公司；多样化成长策略，使企业向其他产品和其他行业方向发展，建立企业集团和巨型公司；核心化成长策略，主干企业抓住核心环节，而把次要环节外放，或者外包，形成的是头脑公司、总部公司。通过企业集群，提升企业竞争力；增加企业内在的智力资源，提升企业档次；实施品牌战略，增加企业的无形资产；运作核心竞争力，成为大脑型企业，从而使自己立于不败之地。

由此可见，所谓的内道，就是把握企业运行的内在规律和法则，运用这些规律创新流程，从而取得成功之道。

3. 重法——道之典

历史上的统治者，通过变法，大都能在较短的时间里强兵强国，从而取得竞争中的有利地位。这就是"以猛治国"的艺术。对一个企业来说，能在短期内改变涣散面貌，建立管理秩序，归根到底要靠法规、制度和法令，要靠"法"来治企。

法家的法、术、势对企业经营管理有十分重要的作用。

商鞅重"法"，他认为法令是人民的生命，治国的根本。法的主要内容是"二柄"，即赏和罚。在企业管理中就表现为严格的按照规章制度办事，奖勤罚懒，从而形成有效的"管理场"。其特点就是"胡萝卜加大棒"的管理模式。

申不害重"术"，他认为高明的统治者，善于统治，又使人诚服，讲究管理的艺术，不因为严法而造成被管理者的心理对抗。严格地按照规章制度，伴随着切实可行的思想工作，从而做到晓之以理，动之以情，绳之以法；明法示众，防患于未然，提高管理效果。这里实际上已经融合了儒家文化的管理内涵。有人认为，儒家文化也讲规则和制度，法家文化也讲顺势、顺道和顺为，动之以情，晓之以理。

慎到重"势"，势即权势，利用管理者的权势治理企业，特别对一些严重违规的职工，应强调"法""势"治理的统一。正如韩非所说："抱法处势则治，背法去势则乱。"

用法家的法、术、势理论治理目前一些企业的涣散情况，治理社会的假冒伪劣现象，治理贪官污吏的现象是十分有效的。

实际上，法家思想在社会动荡的时代具有很大的作用。秦一统天下，商鞅变法起了决定性的作用。即便是在"独尊儒术"的时代，虽宣扬"仁政"，讲"仁义"，但是实际上依然有很多"仁政"无法处理的问题。所以，在整个封建时代"形儒内法"实际上具有普遍的价值和意义。

法家最初是从"人心论"的角度出发，提出基本的策略和逻辑，如果"人性恶"，当然要求实施严格乃至严酷的管理；"人性善"，就要实施亲和的管理；如果人性是变异的、不确定的，就要实施权变的管理模式。

荀子是"性恶论"的代表，虽然荀子属于儒家的思想范畴，但是，他的思想方法已经是儒法结合的代表，提出人天生就有追求利益的特性，所谓"不知足者，人之情也"。孟子是"性善论"的代表，提出"人之初性本善"；韩非子是"中性论"的代表，实施的是权变政策，即根据情况的不同，需求不同，采取不同的管理方法。管子是法家理论的代表，他提出的管理之道乃是强调政府必须"官山海，官天财，官资源"，一切由政府管起来。让老百姓处于一种不贫不富的状态，所谓的"民富不可禄使，民贫不可役使"。这就是所谓的"牧羊政策"。

商鞅是秦国变法思想的创造者和执行者，帮助秦国富国强兵，一统天下。他利用物质利益吸引百姓参加"农战"，结果是成功的。但是，由于只讲功利，只讲目的和手段，严厉打击了权贵集团，虽然促进了社会的发展，但是，却由于打乱了社会的固有结构，受到贵族集团的强烈反对。

在集聚社会财富方面走得最极端的是汉武帝及他的"告缗令"。所谓的"缗"就是绳子，古代串铜板的绳子。所以"告缗术"就是要求老百姓相互监督，相互告发，谁的财产多就充公谁，对告发者许以丰厚的奖赏："有能告者，以其半畀之。"结果，整个社会充满了告密者。汉武帝达到了目的，很快就集聚了全国二分之一的财富，武装军队，把匈奴赶走了。但是，人与人之间的和谐关系也被彻底破坏。

4. 安、和、乐、利

经济活动必定追求利润，但是，在不同的文化背景下，利润的追求有各种形式，是不择手段地追求利润，还是在道德支配下追求利润，实际上反映完全不同的价值取向。台商把东方人追求和谐的管理文化和求利行为，归结为四个字：安、和、乐、利。

利：利润。赚取合理的利润，是企业的经济责任，也是企业存在的依据。当然，这个利，必须是正利，而不是邪利和暴利。

乐：乐群。敬业乐群是企业应尽的社会责任。敬业属于职业伦理，乐群属于企业伦理。乐群指企业赚取合理利润，满足社会各方面的要求：社会、顾客、员工、股东等，就是善尽企业的社会责任。

和：和谐。企业伦理的"政治"层次，企业必须追求和谐，和谐生利，和谐旺利，劳资和谐、同业和谐、同事和谐，能够和谐的乐，才是企业之福气。

安：安宁。企业伦理的文化层次。企业只有促进所有人际关系的安宁，才是善尽企业的文化责任。人生的根本要求就是追求安宁，不安的"和、乐、利"后患无穷，修己安人是中华文化的基本特征。

在这里，人们把义和利的关系讲得非常清楚。经济行为必须讲利。但是，这个利必须是规则之利、仁义之利、智信之利。君子好利，取之有道。同时，把规则、制度、仁义、和谐之间的关系也讲清楚了，只有共生、和谐、安宁之利，才是科学之利，长久之利。而所有这一切，都是顺循经济运行的逻辑和规律，顺天地之道，人性之道，大义之道，顺儒、道、法之道。由此可见，一个企业如果在这四个方面都考虑到了，企业的发展就会顺利。

所以，基于中国文化基础上的企业文化，要求企业家：（1）树立一个宏伟的战略目标，为群体建立一个目标系统，没有目标和思想的队伍，是没有方向的。企业家必须为企业和企业员工设定方向和目标;（2）建立有规则力的竞争机制，充分发挥群体优势，形成合力机制，从而产生 1 加 1 大于 2 的功效;（3）实施仁慈式独裁管理，在价值流的引导下整合社会资源，实现目标。即顺应"儒、道、法"的管理逻辑和态势。

二、中国文化精髓之"儒、道、法"

如果必须用最简洁的语言表述中国文化的精神，中国文化的特征，中国文化的结构和逻辑，那就是"儒、道、法"及其结构形态。当然，这必须从中国古典哲学的基本特征入手。

1. 中国古典哲学的三大特征

在中国有一个非常奇特的现象，就是很多中国企业家并不是学好了管理学与企业理论才去运作企业，而是直接根据市场需求来做企业，但是企业却做得有声有色，这是什么原因？

一种情况是经营者没有专门学习战略管理理论，却能有效地运作企业和企业战略，笔者认为这里依托的是中国式顿悟思维的逻辑和方式。中国人天生就有一种思维逻辑和方法，这就是顿悟式思维，它不是通过分解对象，公理演绎，逻辑推理来把握问题的实质和解决问题，而是根据实际问题的需要，直接找到现象与本质之间的逻辑联系，通过不断探索，以及行之有效的行动纲领，最后解决问题，达到目标。这种解决问题的方法有几个特点：（1）快捷。解决问题的速度快，这是因为顿悟思维的速度快。（2）有效。作为一种直观理性式的思维模式，直接找到问题的本质特征，在看到问题的同时，解决问题的方法也就出来了。（3）方法多。方法总是比困难多。中国人的实践悟性能力非常强大，任何困难的局面，中国人总是能够找到方法，找到解决问题的路径。八卦图充分说明了这一点，阴中有阳，阳中有阴，阴阳统一，构成事物的两个方面，两者相辅相成，不可缺一。也就是说，矛盾和对策是同步存在的，方法和路径也是同步存在的。

然而，中国文化的内在魅力究竟是什么？到目前为止还是没有人能够完全讲清楚。但是中国经济的进一步发展，如果仍然没有自己独特的经济理论，是难以成功的。

笔者认为，中国文化实际上有三大特征：其一，深奥无限，窥其全豹者几乎没有；其二，实战甚强，几乎可以解决一切问题；其三，顿悟，联系两者的关键是顿悟，简捷而有效。只要通其一，就是成功者；如果通其三，大师也！

其一，深奥无限，窥不见底，窥其全豹者几乎没有。按照生物进化论的逻辑，现代科学比古代科学发达得多。所以，现代中国人肯定比古代中国人智慧和聪明。这几乎是不言自明的。但这种观念实际上是一种形而上学，因为人类社会遵循由简到繁、由低到高的发展规律。

其二，实战甚强。中国文化的第二个特征，就是实战性强，实战效益甚佳。这也是由几个特点决定的：（1）文化的起因，解决实际问题。中国古典文化的底色是实践的产物。（2）百家之说就是在这样的环境下创造出来的。为什么要有百家呢？因为每个领域都需要解决现实问题和矛盾，这样，就发展成为"百家之说"。农学解决的是农业问题，兵学解决的是战略问题，阴阳学解决的是对立统一的矛盾问题，儒家解决的是道德和行为方式的问题，道家解决的是天地大道的问题，法家解决的是立法立规的问题，墨家研究的是小生产的技术问题等。由此可见，中国的百家之说就是求解未知和预期的问题。（3）顿悟逻辑方法。顿悟逻辑提供的是解决问题的方法和思路，它的特点是快速、有效、直接，在理论不一定清晰的情况下，方法已经形成，逻辑不一定理顺的情况下，路径已经明了。

其三，联系两者的关键是笔者认为是顿悟。这方面的内容可见本书"东方思维逻辑之'顿悟'"这一部分。

把握中国经典文化的基本特点固然重要，而更加重要的是这个文化的基本内容和基本结构究竟是什么。同时，如何把握和应用这个文化内涵的魅力，同样具有实际的操作和应用价值。

2. "儒、道、法"结构与实施效应

"儒、道、法"三者，内涵是相互渗透、相互包含、相互促进的。如"格物、致知、诚意、正心、修身、齐家、治国、平天下"即是儒家文化的内在要求，也是道家文化的价值趋向，同时，提出了法家文化的操作要领和运作逻辑。"格物致知"讲的是对人格特征基本规律的把握，这正是"道之道"之术，"正心修身"是儒家文化的核心要素和内容，所谓的"道之本"就是研究如何重德、守德和强德的问题。"齐家治国平天下"讲的是"平天下"的具体操作方法和实施方式，由此，法家被称为道之典。所以，从一定的视角考察，道即儒，儒即道；道即法，法即道。有如《正气歌》的表述，"吾有正气，天地神护"，正气乃天地之道。有正气者，"诸事可为，诸业可兴，上得天时，下识地利，中通人和"，"英明智慧，威武雄壮"。由此可见，"儒、道、法"的三要素都在其中了。儒以"道之道"把握事物的运行逻辑和规律，以"法之典"为行为准则。道以"儒"为本位，以"德"为事物运行的方向和规则，以"法"为运作的程序和尺度。法以"德"为本，以"道"为行事逻辑和轨迹。由此可见，"儒、道、法"三者虽然属于不同范畴，但

其深层次的内涵却是相通的，体现的是一件事物的不同要求、不同角度和层次。它是事物运作规律在逻辑、轨迹和方法论上的展示；是事物运作载体在人格魅力、价值趋向上的展示；是事物运作程序在进程、演绎和方法上的展示。

董仲舒的"独尊儒术，罢黜百家"并不是说只要儒家一派学术、排斥其他学说，他是用儒学、用儒家理论来说明统治者的所作所为而已。如果仅仅只有"仁义礼智信，恭宽信敏惠"，没有规则、秩序和运作逻辑，不仅国不像国，村不像村，君不像君，臣不像臣，甚至连家也不像家。这就叫"豪门出劣子"，任何规则、秩序都被破坏了。由此可见，所谓的"独尊儒术"，实际上是"形儒内法"的代名词。任何事物实际上都有形式和内容的差异，再加上运事的逻辑和规则，就是"循道"。由此可见，"儒、道、法"三者实际上是中国文化最核心的内容、最重要的精神和魅力，其在三维立体结构上的展示，就是所谓的"循道、厚德、重法"的三元法则。所以，三者形成一种特定的结构效应，正是这种结构效应，展现了事物运作内在的逻辑轨迹和精华。实际上，如果真的考察经典大师的理论和实践，就会发现，他们不管是在阐述理论、指导学生，还是制定政策、执行方针等方面，都会涉及规律的把握，道德的引领，规则的制定、阐述和遵守，实际上都涉及"循道、厚德、重法"的基本要求。

孔子对于义利观，提出"名以出信，信以守器，器以藏礼，礼以行义，义以生利，利以平民，政之大节也"。这里的信、器、礼、义、利、民，不正是"安、和、乐、利"逻辑的原生版吗？荀子在谈到"礼论"的时候说："人生而有欲，欲而不得，则不能无求，求而无度量分解，则不能不争，争则乱，乱则穷。先王恶其乱也，故制礼义以分之，以养人之欲，给人以求，使欲必不穷乎物，物必不屈于欲，两者相持而长。"这里谈到了等级、制度、礼仪、规则建立的必要性，原因就在于人性的差异和需求。《老子》在谈到社会治理时提到："太上，下（不）知有之；其次，亲而预（誉）之；其次，畏之；其次，侮之。"所谓的"下（不）知有之"是指"无为"状态，从而保持社会的可持续发展效应。司马迁说："天下熙熙，皆为利来，天下攘攘，皆为利往。"人类的活动和利益是分不开的。在他眼里，农工商业是必不可少的，根本不需要重本抑末，而社会整体的管理艺术是"人各任其能，竭其力，以得所欲。故物贱之征贵，贵之征贱，各劝其业，乐其事，若水之趋下，日夜无休时，不召而自来，不求而民出之"[1]。这和亚当·斯密的自然竞争理论是一致的。而最好的管理模式是"善者因之，其次利道之，其次教诲之，其次整齐之，最下者与之争"。司马迁因其清晰的市场经济理论和主张，被人称为"中国古代经济思

---

[1] 《史记·货殖列传序》。

想的集大成者"。以法家的自利论为人性本性，以道家的自
然法则为运作之道，体现了儒家文化善者因之的价值取向。
由此可见，儒、道、法在实际应用中是整合在一起的。

　　故，举事成功之术，必具备三个基本要素：首先，对
于事物内在规律和特征的把握；其次，要求有完整、健康的
心态，即重德、敬德、守德、敏德和厚德；第三，就是科学
的运作方式、运作路径、运作逻辑和运作规则。能否掌握规
律，能否把握道德心态，能否守信和把握运作方式，是成功
与否的三个关键环节。三者呈现三维结构形态。

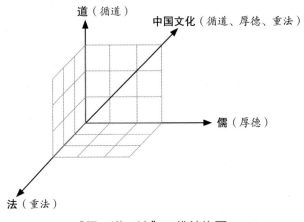

"儒、道、法"三维结构图

　　由上图可见，"形儒、内道、重法"有其自身内在的逻
辑结构，而三者整合所形成的整体结构，构成中国文化的底
蕴和精髓。如何从三者整合的角度进行考察、应用和把握，

是对于这个文化底蕴和精髓把握和应用的问题。在三维结构图中，儒中有法，法中有儒，是 X 轴和 Z 轴的结合；儒中有道，道中有儒，是 X 轴和 Y 轴的结合；而道、法自然，就是 Y 轴和 Z 轴的结合。三者结合，就是"循道、厚德、重法"，构成中国文化的灵魂、精髓和密码。两者是相互联系的，一是"儒、道、法"精髓的结构特征；二是对于这个精髓和结构特征的运用和把握。所以，前者研究的是"对象"，后者研究的是这个"对象"的实施问题。

在实际的应用过程中应当把握住三个基本特点。第一，对于基本理论把握的精准、到位、简捷。所谓的精准就是指理论本身的阐述精确，恰如其分，不多不少；所谓的到位是讲理论分析的空间位置，不前不后，不左不右，不偏不倚，恰到好处；所谓的简捷，讲的是效用，意义简捷、效果明显。第二，解决问题效果好，一步到位。第三，解决问题的方法及时、到位，效果明显，步骤清晰。

三、东方思维逻辑之"顿悟"

李约瑟在《中国科学技术史》中提出："中国既没有受控实验，又没有公理系统和演绎逻辑，中世纪的中国怎么会有那么多的科技成果？"在西方，科技成果基本上都是受控实验和演绎逻辑的产物。中世纪的中国却在这些条件不具备的情况下，有了丰硕的成果，这是为什么？类似的问题还有很多，比如，中国的企业家，不少是白手起家，两手空空，既没有资产，也没有学过所谓的 MBA，却把企业运作得风生水起。在中国几千年的文明史中，这些例子还真是不少。笔者认为这可能和中国人特有的思维逻辑——顿悟思维有着直接的关系。

1. 顿悟逻辑运作机理

人类认识事物的过程分为三个阶段：感性具体——抽象分析——抽象具体。形成人类认识事物由表及里，由外至内，由简单到复杂的全过程。在这三个阶段中，第一个阶段的认知特点是整体把握，具体模糊；第二个阶段的认知特点是分解思维，局部清晰；第三个阶段的认知特点是对前两者因素的整合，整体把握，具体清晰。由此构成人们认识事物的三个阶段。以一个工人认识手表到了解手表再到生产手表的过程为例。

一个从来没有见过手表的工人第一次看到手表时发现，一个小小的圆盘，上面有三根指针，最短的走得最慢，是时针，长而粗的是分针，走得快一点，细而长的是秒针，走得最快。三根指针，一个圆盘，一根表带，这是工人对手表最初的认识，这就是"感性具体"阶段。这个工人工作以后，知道一个手表是由多个零部件组成的，一共有五个车间生产这些零配件，待他一个个车间做下来，最后到了组装车间，看到一个个手表被组装生产出来，这个时候就是认识事物的第二个阶段，即对于手表内在的结构、细节都了解清楚了，属于"抽象分析"阶段。三年以后，这个工人自己办了一个手表厂，成了总经理。这个时候，他知道，手表仅仅质量好还不行，还必须造型好，精致美丽。也就是说这个手表不仅要求质量好，并且要求外形美，才会有销路。因此，他研发了一款外形精美的新款式，取得了成功。到了这个阶段，他的认识就进入"抽象具体"阶段。这就是这个工人对于手表认识的全过程，即"感性具体——抽象分析——抽象具体"的过程。

在感性具体阶段，人类对事物的认识处于整体把握的阶段，没有经过分解思维的逻辑和过程，不清楚事物内在的关系与奥秘，对于事物的认识处于整体感知和具体模糊的把握阶段。即整体把握，具体模糊，这是人们认识事物的第一阶段。

抽象分析是人们认识事物的第二阶段，它的特点是通过对具体事物内在要素的不断分解，从而把握事物的内在规律和特点，清楚了事物内在的奥秘。但是由于太关注事物的分解逻辑和细节问题，尚不能在整体更高层次上把握事物的特征，所以，这个阶段的认知特点是分解思维，局部把握。显然，这个阶段的认知特点是对第一阶段认知事物特点的一种逻辑进步，从不了解事物的内在奥秘到了解事物的内在奥秘，从不了解事物的分解特征到了解事物的分解特征。

如果对事物的认识可以做到整体把握，具体清晰，那么就进入对事物认知的第三个阶段，即抽象具体的阶段，这个阶段不仅对事物的认识处于整体把握的状态，而且在具体细节方面也是清晰的，这样，对事物的认识进入一个完整的高级阶段。

正是因为如此，人类由于认识论基础的不同，成功也可以有三种状态：即处于感性具体阶段的成功；处于抽象分析阶段的成功；处于抽象具体阶段的成功。第三阶段的成功虽然更加复杂，但却是前两种成功要素的整合，关键是对前两种成功特征的把握，即系统特征和分解逻辑的结合。

所以，成功类型在整体上主要表现为两种状态：即感性具体阶段的成功与抽象分析阶段的成功。大量事实的研究结果表明，这两种成功模式由于基于完全不同的思维逻辑和公理系统，拥有各自不同的特点。

以上两者成功的结构效应不同。因为缺乏公理系统和演绎逻辑后获得的成功在达到目的以后，过程就有可能结束，显示出不可持续发展的基本特点。而基于逻辑推理基础上的成功，就是一个可持续发展的过程，任何成功都仅仅是新的持续成功的起点，构成为演绎推理的逻辑基础，所以，这种成功是可持续发展的成功。这种成功是一种系统的成功，一种组织的成功，一种功能的成功。演绎推理的成功具有一种叠加的功能，一种累积的功能，而且，随着时间的推移，系统的功能会不断地强化。

完成顿悟式成功向逻辑分析式成功的过度，变经验性成功为思维演绎型成功，是成功发展的必然逻辑。如果管理始终停留在感性具体的阶段，始终达不到逻辑分析的层次，始终不能改变经济震荡的状况，管理上的成功就不能进入高级的层次，就难以摆脱经验成功的层次，而以此为基础的管理也就难以实现真正成功。

2. 顿悟式成功的特点

（1）"顿悟"的特点

"感性具体"作为认识事物的第一阶段，是人类共同的认识事物的逻辑和规律。在陈荣耀的《规则革命——中国经济现代化的路径探索》一书中，第三章专门有一节研究"顿悟式成功与中国文化"，就是在研究"为什么顿悟式成功在中国文明的发展过程中能够产生那么大的效果"，其指出原因就在于中国式顿悟是在中国智慧背景下的运作，这个"中国智慧"就是中国文化的五大内容，即"五大论"——矛盾论、实践论、全息论、五行论和系统论。实际上，即便是理论，或者是方法论方面的理论，也是有内在的逻辑结构与层次的，这就是大道理管小道理，总道理驭分道理。在方法论范畴，最大的范畴即第一层次的范畴，当然是宇宙之道，大道之道，万物之道，它展示的是宇宙运行的总趋势、总规律。用现代物理学的观点，实际上就是基本粒子的振动频率与结构形态，它的多样性特征决定世界万物的多样性。方法论的第二个层次，就是由这个宇宙之道演绎出来的中国智慧的五大内容，即矛盾论、实践论、全息论、五行论和系统论。由它驾驭中国人的顿悟逻辑和顿悟之道。这里"宇宙之道——五论之道——顿悟之道"实际上有三个层次。而在具体环节的运行过程中，即具体的顿悟过程，还是有不同的方法和路径。所有的应对策略也是不同的，这就是形成方法论科学的第四个层次。由此可见，一种理论要能够产生作用，关键就是看其有没有基础，有没有背景，有没有文化，有没有层次。如果都没有，就不可能有同样的结果，不可能有同样的深度和震荡。

（2）顿悟逻辑的价值趋向和判断

顿悟，作为一种认识事物的方法，属于方法论范畴，归属于智慧的层次。但是，它仍然受制于特定的价值判断，即所谓的价值取向的制约。其次，它的成功运行，还必须具备一定的逻辑前提。

顿悟的逻辑前提是价值判断，即理论指导的正确与否。

①"正确理论＋顿悟"。顿悟的最大特点是快速实现目

标，但是它的逻辑前提是必须有正确理论的指导。如果追溯历史事件就会发现，中国历史上成功的事件基本上都是在正确理论，或者是正确方向，或者是正确趋势把握下的顿悟的绩效。汉武帝能够打败匈奴求得边境长期稳定，也是由于有正确理论指导和正确人才的选拔；贞观之治的形成，多是基于魏征的天下大势论，诸如此类。由此可见，"正确理论 + 顿悟"，是中国文化最有价值的资产。

② "错误理论 + 顿悟"。统治者在错误理论指导下的顿悟往往会导致社会混乱，民不聊生，社会震荡不断。这种情况在中国历史上是数不胜数的，一个封建王朝的中期和晚期，实际上都陷入在这种矛盾之中。"错误理论 + 顿悟"是中华民族最大的灾难和悲哀。既然了解了这种状态，社会机制就必须形成一种功能，绝对排斥"错误理论 + 顿悟"现象的出现。在这里，有几个问题是必须关注的：其一，理论思维一定要走在前边，克服中国经济"不生产思想"的状态；其二，把权力关进笼子；其三，重大事情的民主决策程序，克服少数人的意志决定国家的命运；其四，重要的问题是教育人民，应该使人民懂得规则意识，培养规则意识，遵守规则意识，当一个社会的人都知道遵从规则，而不是仅仅服从权力，社会的进步就有了逻辑的程序和保证。

③ "理论迷茫 + 顿悟"。这种情况能够非常好地解释中国历史上科技创新的状况，由于缺乏公理系统和理论的指

导，而现实生活又必须解决一系列的实际需求，中国人就往往采取顿悟的方法追求一系列的技术成果。这个时候，虽然没有理论的指导，却是根据实际情况的需要，进行顿悟和尝试，以求得问题的解决。这个时候的顿悟理论往往是迷茫的，路径往往是不清的，但却在一定情况下能够实现目标。

这就是顿悟运作的三种状况。即便是在正确理论指导下的顿悟，也必须具备以下三个基本条件。

①方向正确。顿悟最重要的问题是方向正确，因为只要方向正确了，顿悟就能取得最大的效果。所以，坚持方向正确和理论指导，是顿悟最重要的问题，方向正确的关键是理论思维的科学。在后面的分析中可以知道，中国革命之所以能够取得如此辉煌的成果，关键是有正确理论的指导。所以，中国如果需要在底线革命、规则革命、社会革命等的过程中取得成功，关键也是需要理论的创新和成功。

②公理系统。公理系统可以补充顿悟式成功内在的逻辑缺陷，如果说顿悟式思维逻辑是东方思维的基本特点，而公理系统则是西方思维逻辑的基本特点，那么，两者的结合正是东西方思维逻辑的有效结合。实际上，爱因斯坦的成功就是非常有效地把东西方思维逻辑结合起来，西方逻辑是演绎推理和公理系统，东方逻辑是直接把握目标和顿悟，任何问题在这样的思维逻辑结构中，都能得到很好的结论和推理，由此，爱因斯坦的狭义相对论和广义相对论就形成了。

故之，爱因斯坦的成功之所以开拓了一个全新的时代，与其说是爱因斯坦的成功，还不如说是东西方思维逻辑结合的成功。由此可见，当中国式顿悟和公理系统有机结合，人类文明的成效应该是大的。

③有规则的竞争机制。对于一个社会而言，最终目标是建立有规则的竞争机制，也就是所谓的"有序混乱"格局，实现社会革命的使命。实际上，这是人类所有文明都面临的问题，中国是通过三次革命，即"政治革命、经济革命、规则革命"① 实现有规则力的竞争机制，从而使中国经济走上现代化之路。然而，这个社会革命的使命，并不仅仅是中国的使命，实际上，是人类社会共同的历史使命。即便是已经走上现代化道路的国家，也有一个社会革命持续有效运行的问题，当今世界发展中的矛盾和困境等，都是社会革命必须解决的问题，从而使社会发展更加协调与和谐。

3. 走出顿悟式成功的逻辑陷阱

中国如何进入"抽象具体"的阶段，即全面进入经济现代化的发展阶段？在文化创新层面，就是要走出顿悟方式成功的逻辑陷阱，解决实践思维代替理论思维的问题，实现感性具体和抽象分析的结合。创新中国文化，为中国经济的现

---

① 参阅陈荣耀《规则革命——中国经济现代化的路径探索》。

代化做好理论准备、思想准备。

（1）实践智慧代替理论思维

用实践智慧代替理论思维是顿悟式成功最大的逻辑陷阱。在经济发展顺利的情况下，这个问题不一定突显，因为经济增长率把一切隐性问题都掩盖了；然而，一旦经济进入困难或者困惑的时候，缺乏理论思维的经济矛盾和问题就会凸显。经济运行，如果没有理论思维，发展逻辑就会混乱。如经济震荡、底线缺失、不择手段、假冒伪劣现象等。所以，研究顿悟式成功模式的逻辑陷阱，就必须研究实践智慧代替理论思维的问题和困惑。

人类智慧有三种形态：实践智慧、工具智慧和理论智慧。所谓的实践智慧，是指人们在实践工作或者是在实践斗争中形成的智慧和知识系统，通过经验积累而形成，具有实践第一性的特点。工具智慧是指社会客观存在的独立于人的认知系统以外的所有的知识范畴。它有三个基本特点：①它是人类几千年积累起来的知识系统，是一种客观存在的独立体，是人类在实践斗争中逐步积累起来的经过理论提升的知识系统。②人类的知识数量在急剧地变化，必须通过专业的学习过程才可以学习和掌握。所以，教育在这里起到了非常重要的作用。③它表现为人类智慧的一般形态，构成人类理论智慧的知识基础。也就是说，人们的实践智慧只有通过学习相应的工具智慧才能上升到理论智慧，所以它构成了人类理论思维的基本要素和素材。理论智慧，就是在实践智慧的基础上，结合特定的工具智慧而在理论上得到归纳和提炼的产物。在一定的条件下，表现为当事人对于实践智慧的理论升华，具有理论思维的品格。

由此可见，理论智慧是以实践智慧为基础，结合工具智慧，最后提炼出来的一种独特的知识形态，或者说是理论思维。理论智慧一旦凝练为一种范式，独立于当事人之外，就成为工具智慧。由此可见，三种智慧都有其特定的功能和使命，实践智慧是成功人士固有的智慧形态，它起源于实践理性，却以一种理性的形态表现为一种智慧价值。工具智慧是人类工具知识的集中表现，是人类知识系统取之不尽的知识源泉，它的最大特点是积累了人类知识的总量，可以帮助人们把实践智慧上升到理论智慧。但是，这种上升不是一种简单的叠加和提升，而是对实践智慧的理论归纳和梳理，是一种新质东西的产生。理论智慧是实践智慧的升华形态，它是通过实践智慧的理论飞跃，又结合工具智慧的经典要素进行创新、创造而实现的，只有到了理论智慧的层次，实践智慧才能取得它一般的表现形态。

按照正常的理解，实践智慧上升到一定阶段就可以达到理论思维的层次，但是，在三种情况下实践智慧难以上升到理论思维的层次：①虽然有实践智慧，却没有理论思维的习惯或者偏好，因为它太看重实际成效，而不关注其内在的逻辑机理和理论要素。②成者为王的行事逻辑，歧视理论。③缺乏公理系统。缺乏公理系统的结果是知识"珍珠"不可能通过思维逻辑的线条而串联起来。

（2）顿悟式成功的逻辑陷阱

中国的经济运行，应该充分应用顿悟式成功的优势，同时，又必须避免其缺陷。由此，在了解了顿悟式成功的基本特征以后，对其缺陷进行分析就变得非常必要，顿悟式成功的缺陷主要表现于下述几个方面：

①缺乏公理系统。所谓的公理系统就是指事物发展的内在逻辑演绎规律，从字面上理解，"公理"就是指大家公认的原理或定理，构成为全部理论的起点；通常说的"讲理"，便是依据公理逻辑推理事物具体的演绎过程。由此可见，研究事物运行特性的公理系统实际上具有三个方面的特征：第一，"公理"是指大家公认的不言自明的真理，不需要经过专门的论证；第二，"公理演绎"，是指由这些基本原理推理演绎出来的一个系统，整个过程是清晰的；第三，公理系统的演绎推理功能，它是从一个逻辑支撑点出发，演绎推理出的一个完整的系统，从而决定了事物有一个持续发展的过程。在这样的逻辑推理的条件下，事物的发展一旦有一个支点，它就可以演绎为一个系统，演绎为一种功能，由此形成的叠加效应可能产生更为复杂的高级系统，其功能和它的起始阶段完全不同。所以，基于分解逻辑基础上的成功，是一

种系统的成功，一种功能的成功，一种机制的成功。

②缺乏理论分析。顿悟式成功由于是直观理性式的成功，不是建立于分解思维逻辑的基础上，所以它的成功缺乏必要的逻辑依据和基础，缺乏必要的演绎过程和系统，也就因此缺乏理论分析，缺乏演绎思维能力和功能，成为东方式成功的基本特点和缺陷。这种成功的最大特点是快速实现目标，但是，其内在的缺陷在一定的条件下却是致命的，因为这种成功较多地停留在感性具体的阶段，即使上升到理论，也是缺乏公理系统的理论；由于缺乏分解思维逻辑，就难以形成可持续发展的效应。政策多变和政策的不可持续性就是由此而来，所以，顿悟式成功具有不可持续发展的特征。

③目标不可持续和更新。基于公理系统，事物发展的目标可以不断更新。这一点是非常重要的，为什么有的成功具有可持续发展的效应，有的成功却会断裂和停止不前，原因就在于此。顿悟式成功作为一种"点状式成功"，一旦达到目标，目标就因为完成而结束，或者是目标的偏移。所以，只要两次顿悟之间不具有持续效应，事物的发展进程就会中断。由此，顿悟式成功的目标中断是它的基本特点。所以，中国人的行为方式是在追求成功时有非常大的功力和自觉性，即在第一次成功中效果很好；但是，成功以后目标消失也成为其基本特点，东方式成功是一种不可持续发展的成功。

④演绎逻辑不清楚。基于公理系统，可以通过演绎逻辑的推进把握事物的发展进程。但是，顿悟式成功却不具有可持续发展的效应，这种成功不是建立在系统功能的基础上，不是依靠组织的功能；相反，在追求成功的过程中，个人的智慧和作用太大了，甚至可以在一定程度上取代组织的作用。由此，建立在个人智慧和个案成功的基础上，成为顿悟式成功的基本特点。究竟是发挥系统的功能，还是发挥个人的功能，这形成两种完全不同的成功模式。

⑤成功没有再生效应。任何事物只要把握其内在规律，掌握它的演绎路径，就应该有再生效应，这就是受控实验的逻辑基础。也就是说，只要相关的条件具备，事物的重现和再生是完全可能的，这就是演绎逻辑式成功的基本特点，而顿悟式成功却不具备这种特征。因为只要两个顿悟之间没有必然的逻辑联系，事物发展的不可持续就成为一种必然。

（3）核心能力公理化与东方战略

顿悟模式之所以在中国成为一种文化形态和模型，成为一种稳定思维逻辑和结构，有其内在的文化原因、社会原因和经济原因。大多数中国人习惯在整体上把握事物的本质，却不善于对事物进行分解式研究和量化分析，对于事物特性的把握基本上处于感性具体的阶段，即整体把握、具体模糊的阶段，而未进入分解思维的逻辑阶段。而中国经济仍然是处于数量型扩展阶段，对于规模的扩张有内在的冲动，却缺乏质量提升的要求。这些都导致了分解思维逻辑物质基础的缺乏，使得顿悟式成功模式在中国有很大的市场空间，所以，能否在顿悟式成功模式的基础上形成分解思维的逻辑，建立公理系统，是全部问题的关键。

变顿悟式思维为逻辑思维，变点列式成功为演绎推理式成功，走出成功的感性具体阶段，建立成功的理论模型和演绎逻辑，成为今天中国企业家面临的迫切任务。具体而言，核心竞争力的公理化可以由三个相互关联的步骤完成：①顿悟，把握核心竞争力的关键要素和内核；②分解，构筑核心竞争力的价值系统；③演绎，实现核心竞争力的公理化。

顿悟，把握核心竞争力的关键要素和内核。成功企业实际上都具有自己的核心竞争力，对于这种核心竞争力的探索和研究，可以把实践智慧上升到理论层面，构成为企业家的重要使命。顿悟式成功最大的特点在于建立起现状和目标之间的逻辑联系，但是，其内在的逻辑机理可能尚不清晰，所以，寻找成功的原因，把握企业的核心竞争力，就成为全部问题的关键。在这里，解决问题可以有三种方法：①顿悟思维以及对事物运行规律不断穷尽的方法。即利用顿悟思维的逻辑，通过对成功原因的不断穷尽和探索，最后逼近事物的本质，找到企业的成功原因和核心竞争力。②通过比较研究的方法，在与同类其他企业的比较研究中寻找成功点，找到成功的原因。由于是对行业特性和事物特性的比较研究，往往能够取得积极的效果。③通过研究企业或者行业发展的内在规律寻找成功的原因，这是一种理论的思维模式，效果也是显著的。三种研究的方法分别是顿悟法、比较法和类比法，实际上形成的是企业核心竞争力追索的三维结构。在此基础上，能够在理论上对顿悟的成功模式进行归纳，从而改变成功仅仅停留于感性具体阶段的状态，达到理论思维的层次。

　　分解，构筑核心竞争力的价值系统。核心竞争力作为一个系统，不是孤立地运作的，而是作为一个系统进行运作，所以，把握核心竞争力的系统结构，就成为顿悟式成功逻辑分析的第二重使命；它依靠的是分解思维的逻辑，即通过对对象的逻辑分解，把握事物的内在奥秘。演绎逻辑，即是从分解开始的。所以，分解逻辑在这里起到了决定性的作用，它至少有三个方面的含义：第一，分解使对象细节化，从而奠定演绎逻辑的基础。第二，分解基础上的整合，形成了整个管理系统的逻辑机理和依据，实际上形成了一种网络系统结构，核心要素变成了一个系统结构。事物考察的对象系统化、整体化，变成一个可以分解的整体，变成一个可以分别解决的整体。第三，分解最终建立了与资本逻辑的联系。它是通过满足市场需求而形成一系列的经济逻辑与依据，而这个经济逻辑与依据显然就是资本逻辑，因为资本逻辑实际上就是市场经济运作过程中的经济逻辑与规律。而在分析资本

"作坊"战胜封建"作坊"的过程中，一切都是从分解开始的，由此可见，正是分解，奠定为整个经济学的基础；正是分解，奠定为整个管理学的基础；正是分解，奠定为资本逻辑和经济规律作用的基础；正是分解，奠定为演绎逻辑和公理系统的基础。

演绎，实现核心竞争力的公理化。在分解思维的基础上，就可以建立核心竞争力的公理系统，使其具有逻辑演绎的功能，从而使顿悟式思维模式变成逻辑演绎的推理模式，从感性具体的思维模式变成具有理论思维品格的思维模式，完成成功模式的转型和升级。所以，能否建立公理系统对于具体企业而言具有标志性的价值和意义。它表明的是：①从成功的原因分析，企业已经具备的实践智慧是否已经上升到理论智慧的层次，从而具备理论归纳的作用；②从分解思维的角度分析，成功的原因和成功的要素是不是已经清楚了，从而清晰路径和方法；③从成功的逻辑关系分析，过程与结果之间的逻辑联系是不是清楚了，从而清晰成功的内在机理；④从事物发展的角度分析，事物发展的逻辑关系是不是清楚了，从而清晰事物发展的阶段特性；⑤从事物发展的可持续效应分析，成功是不是具有再生效应、可复制的效应，从而使成功具有叠加效应。基于规范基础上的成功，应该具有可持续的发展效应，只要公理系统到位，成功的过程就可以再生。由此可见，核心竞争力公理化的本质是：通过分解思维逻辑建立企业的逻辑演绎系统；通过目标创新引领企业的运行方向；通过规则制定汇聚社会的资源和方向；通过公理化的演绎实现企业的可持续发展效应；通过叠加效应实现企业优势资源的积累，从而使企业的发展进入可持续发展的状态，实现经济学的追索效应。

核心竞争力的公理化，实际上就是东方战略的表现形态：①顿悟，聚焦聚焦再聚焦，抓住事物的关键环节，即抓住企业的核心竞争力。②分解。分解分解再分解，找到核心竞争力的公理系统。把一个无法量化分解的东西变成可以量化分解的东西，是西方分解逻辑的基本要求，到了这个阶段，"感性具体"不仅仅是把握整体特征，而是通过分解，把这个整体的关键要素、核心要素都整理清晰了。"抽象分析"则要求把内在结构、逻辑、网络，子要素和结构要素都理清楚，达到细节清晰的目标。③实施。通过实施一个个具体的细节，从而演绎出整个系统。随着一个个子系统使命的完成，整体功能也得到展示。这个，正是东方战略的演绎逻辑和结构。同时，它也是"行动纲领"的基本内容和要求。① 所谓的"行动纲领"是企业领袖运作企业项目的指导纲领，它也是由三个部分构成：第一，理论。即是运用理论思维的方式，揭示某一项行动纲领实施的依据、必要性和逻

---

① 陈荣耀. 企业理论与企业行动纲领 [M]. 吉林：吉林大学出版社，2022.

辑方法。第二，方案。方案的制定，主要考虑三个要素：态势、理论和资源。实际上是战略运作的逆向思维，战略把握的是企业未来的成功；而行动纲领则是在一定理论指导下，明确企业必须实现的主体目标是什么，路径是什么，这个主体目标可以展现为多个子目标，而这个子目标应该是可以操作和实现的目标。第三，实施路径的清晰。

顿悟思维逻辑和分解思维逻辑两者的结合，可以使得企业家的思维模式有一个大大的提升。

下篇

易学之道

自古以来，历代学者推崇《周易》(即《易经》)为群经之首、大道之源，是中华传统文化的源头活水，是中国哲学的基石，是东方观念的生长点。易学揭示了宇宙间万事万物发展变化的根本规律，它是万物之道。宇宙间天地之运行，四季之更替，皆与易学相关。

一、易学之源起与流变

易学非一时一世而成，《汉书·艺文志》说："易道深矣，人更三圣，世历三古。"

1. 易学的起源：三古三圣

易学的创始，传说是经历了三位圣人之手。从伏羲氏一画开天的那一刻算起，我们中华文明至今已有五千多年的历史了。汉代司马迁在《史记·太史公自序》说："余闻之先人曰：伏羲至纯厚，作易八卦。"其后是周文王被殷纣王囚禁于今河南汤阴的羑里，潜心探究天人之理，将八卦相重，演化为六十四卦，并写了卦辞。最后是孔子写了《十翼》，即《易传》的部分主要章节，并做整理，完成了易学体系。

此种权威性说法，即伏羲、文王和孔子乃"人更三圣"。但古代就有人提出疑问，认为"三圣"中忽略了周公。周公是文王第四子，他继承父业，文王作卦辞，周公作爻辞，爻辞在八卦学说中具有重要地位，不能否定周公的贡献，又因文王与周公为父子，可合起来算一圣，故文字上的"三圣"，实含伏羲、文王、周公、孔子四人。

所谓"世历三古"，是指"三圣"各自所处的时代：上古、中古和下古。上古之说尚无信使可稽，自文王的中古至孔子的下古则史料较丰，《易经》的诞生和《易传》的问世大致集中于这一时期。

《周易》这本书，在结构上可以分成两部分，前半部分叫"经"，也叫"本经""易经"；后半部分叫"传"，也叫"易传"。"易传"共有十篇文章，故也叫"十翼"，意为借用翅膀辅佐本经，便于理解。《易传》包括《系辞》上下、《彖》上下、《象》上下、《文言》、《说卦》、《序卦》、《杂卦》。

2. 易学的传说：易有"三易"

易学的最初成书，为古称的"三易"：《连山易》《归藏易》和《周易》，传说周代太卜掌有"三易"之法。其中《连山易》，寓意山出内气，像山之出云，连绵不断，又如山之连绵，故名"连山"，它的先天八卦图以艮（山）卦为首。《归藏易》是认为万物皆归藏于地，其先天八卦图以坤（地）卦为首。坤是最阴，一切阳皆能归藏于最阴的境界之中。《周易》乃伏羲"一画开天"，由天、地、人三条爻组成八卦，它通过演绎生化，周流运转，生出六十四卦。这种周而复始，无有穷期而生生不息地变化，故名"周易"，其先天八卦图以乾（天）卦为首。据考证，《连山易》和《归藏易》记录成型作为文学典籍出现在夏商时期，而伏羲创设的八卦，经周文王和孔子的整理定型，形成《周易》的成书。

中华民族是一个充满东方智慧，勤劳刻苦，善于运用天、地、人的和谐理念而生存发展的民族。"仰则观象于天，俯则观法于地，观鸟兽之文，与地之宜，近取诸身，远取诸物，于是始作八卦，以通神明之德，以类万物之情。"在我们读到《周易·系辞下传》这段文字时，总以为只是神话传说，其实不然。《周易》六十四卦以乾卦为首，乾的卦辞为"元、亨、利、贞"，可意解为春、夏、秋、冬。古代中国的农耕经济，万物春生、夏长、秋收、冬藏。此为天地之正，四时之极，不易之道。古人把以天为准的历法和以地为准的农时分成了两件事区别对待。历法上冬至为一月元旦，农时则自立春开始。如何定出一年的二十四节气？据 2003 年考古发现，在山西襄汾古尧都陶寺遗址，发现距今 4700 余年的古观象台。此台由 13 根夯土柱组成，呈半圆形，半径 10.5 米，弧长 19.5 米。从观测点通过土柱狭缝向东瞭望，观测太阳从夯土地基处升起的日出方位，确定季节、节气，指导农时，安排农耕。考古队在原址复制模型进行模拟实测，由第二个狭缝看到日出为冬至日，第十二个狭缝看到日出为夏至日，第七个狭缝看到日出为春、秋分。经发现它从冬至到夏至，再到冬至，一共有二十个节气，其中至少四个重要节气与今天的二十四节气能对应，所以它是我们传统中华文化二十四节气的主源或源头，这也表现了中华民族最初的科学精神。

中国人自古就具有慧眼，勤奋务实，勇于开拓发现，为民族的生存发展，贡献了智慧。

3. 易学的流变：象数与义理

《易经》自汉代开始，已上升为"众经之首"。汉代把易学立为官学，设立有《易》博士，博士下设有博士弟子。汉代是易学发展史上一个十分重要的时期，是易学的兴盛阶段，人们习惯称它为"汉易"。"汉易"在注释、研究上分为两派，即象数学派与义理学派。

"象数"是易学的基本要素，它是易象与易数的合称，"象"是形状，即卦象、爻象；"数"是数目和计算，指筮数、爻数。象和数在易学中连起来用，称为"象数"，从属于易学的符号系统。象数学派着重探讨易学中卦爻辞与卦爻象之间的关系及其在占筮中的具体运用，同时形成融合了天文、历法、节气、阴阳、五行在内的新的卦爻象数系统。可以说汉代象数学派是注重于对《易经》的卦象、卦变的研究，以其所理解的道理而推导人事吉凶的学术派别。

"义理"是易学两大要素之一，是易学的经义名理、哲学思想，是易学的文字系统。"义"是指意义，是卦名、卦爻辞的本义、原义；"理"是指《易》的原理、道理。"义理"与"象数"相比，"象"体现《周易》符号能象征的事物及时位关系，含有现象、意象、法象等含义，是宇宙万物的理论模式。它除卦象、爻象之外，还用太极图、八卦图、六十四卦图等图示表示；"数"为《周易》占筮求卦的基础，是《周易》的数理表达，是对"象"的定量研究。除筮数、爻象外，还有阴阳数、大衍数、天地数、卦数、河图数、洛书数等。"义"体现《周易》的原本之义；"理"体现《周易》的哲学思想，包括天道观、人道观、天人观、辩证法等。

传统的象数与义理，在研究中曾是互相对立、互相排斥的。而今人一般认为，象、数、义、理具有密切的关联，它们是互相引发、互为补充的。因为义和理无形无象，不能单独存在，需要通过文字或者图像的表述才能显现出来。因此，象数和义理可以看作是同一事物的两面。现代著名易学家金景芳教授指出：易兼象数义理，象寓于卦而数生于著（草），象为《易》之体，数为《易》之用。象有奇偶，数分天地，是象中有数，数中有象，象可生数，数还成象，交参互入，如环无端。象数为显者（阳），义理为隐者（阴）。数（筮）、象（卦）为《易》的形式，义理（思想）为《易》的内容。《周易》的本质特点就是用象数表达义理。①

汉代的象数易学在易学研究中占主要地位，它是官方易学，代表人物有西汉的孟喜、焦赣、京房。东汉的易学家多重视对《周易》经文的注释，并颇有新见，如马融、郑玄、荀爽、虞翻等。汉代也已形成以《易传》来解释经典，重视

---

① 金景芳. 学易四种 [M]. 吉林：吉林文史出版社，1987.

义理阐发的义理易学，当时是为民间易学，此义理学派代表
有费直、高相等。东汉末年，魏伯阳著有《周易参同契》，
构建了一套道教丹术修炼的炼丹模型，在道教修炼上影响
甚大。

　　魏晋时期，义理学派得到了弘扬与发展。其中王弼的
《周易注》在当时及后世影响深远，他注释《周易》，一扫汉
代的繁琐治易方式，倾重义理，从哲学角度解释八卦学说。
他以老庄玄学观点解易，提倡新谓"得意忘象""得意忘言"
等易学观点，被称为"王学"。还有其他代表人物如王肃、
韩康伯、阮籍等。

　　唐代的易学家以孔颖达、李鼎祚等最为著名。孔颖达的
《周易正义》一书，是采用王弼、韩康伯注本作疏，对两汉
以来易学发展的成果，尤其是义理学派的易学成果，作了一
次大规模的系统总结，对后世经学产生了重大影响。

　　李鼎祚的《周易集解》为象数学派的集大成之作，汉魏
以来许多易学家的注释及其易学观点赖以此书得以保留资料
信息，在易学文献史上具有重要价值。

　　此外，唐代易学名家还有陆德明、崔憬、李淳风、袁天
纲、僧一行等人。

　　宋代是易学发展史上的又一个重要时期。在两宋，涌现
出众多有影响的易学名家，他们在义理与象数上的研究有了
深化发展，甚至把义理与象数融合，使宋易达到易学研究的

新高度。作为宋易，它研究易学重在其理，因而是以义理学派居主导地位。他们注重对《周易》作传注，挖掘《周易》经传所蕴含的义理，构建理学体系的哲学基础。

北宋时期，程颐的易学就偏重于义理，他与其兄程颢共创了洛学，为理学奠定了基础。程颐将易学伦理化，以儒理解易，他认为"天下之物皆能穷，只是一理"，要求人在识见上、心灵上给予深刻的涵养，在观察卦象和研究辞文时，体会它们象征什么，并体会象征意义的意味，从而结合人生生活遇到的事件，主张以儒家思想指导，应采取何种立场，并能够有所建树。北宋创立关学的张载，他以气为本建立的学说，偏重取象释义，对义理的研究有重要贡献。

宋易除了专注理学的研究，另一个重要特征是研究并传播"图书"之学，此以道士陈抟开其端，相继传授给邵雍等人，陆续有先天图、后天图、河图、洛书、太极图等，形成宋代特有的"先天象数学"，使易学研究别出一种方向。其中以周敦颐的《太极图说》和邵雍的《皇极经世》影响较大。不过，把河图、洛书引入易学，使易学愈益神秘化，也会带来不利影响。

南宋的朱熹作《周易本义》，他重义理但不废象数。以程氏易学为骨干，融合义理学派与象数学派，集易学之大成，将易学哲学中宇宙生成论体系转变为理本论体系，以二气变化法则解释宇宙变化规律，对易学的发展作出重大贡献，并使理学化的易学成为官方易学。

另有南宋叶适等人的易学注重实用事功；陆九渊、杨简等人的易学注重心学，可称作心学派的义理学派；苏轼研究易，兼杂了儒理、玄理和禅宗；李光、杨万里的易学研究特色是以史论易，各家都各有所长。

自元代到清代，易学的发展大体沿汉、宋两大流派的基础上衍申开拓。元代易学以程朱为宗，如董真卿《周易会通》、胡文炳《周易本义通解》、熊良辅《周易本义集成》等。明至清初，是宋易发展时期，有胡广《周易大全》、孙奇逢《读易大旨》、李光地《周易折中》等，其间尤以王夫之的易学成就影响最大，著有《周易内传》《周易外传》等。作为象数学派的著作有来知德《周易集注》、黄道周《易象正》、方以智《东西均》等。清雍乾之际开始，易学家渐重视汉易并有专深研究，如张惠言《周易虞氏义》、焦循《易通释》《易章句》、孙堂《汉魏二十一家易注》等，他们擅长辑佚，留存诸多汉易之书。

到了现当代，百余年间易学的研究由变异、怀疑到繁荣，并随中华民族国力的逐步上升，中华文化的不断传播，越来越受到国内外学界的重视。加上国内出土文献的发掘研究，对易学的认识和研究达到了新的高度和水平。此期间先有以顾颉刚为代表的疑古派易学研究，包括郭沫若、钱穆、冯友兰、李镜池等人，大胆提出否定以往传统的观点、评论与说法。高亨在 20 世纪 40 年代著有《周易古经通说》《周易古经今注》，在学风上继承了顾颉刚等的古史辨派的观点，此后又著有《周易大传今注》。

民国初期的杭辛斋与尚秉和为象数学派，影响较大。当代山东大学刘大钧教授等对两汉象数易学颇有研究，著作颇丰。

现代出现有科学易研究，拓宽了易学研究的领域。薛学潜的《易与物质波量子力学》和《超相对论》，后改名《易经数理科学新解》，对后来的科学易研究者影响颇大。丁超五的《科学的易》、王弼卿的《周易与现代数学》、王寒生的《宇宙最高原理太极图》、陈立夫主编的《易学应用之研究》等，丰富扩展了易学的应用价值。

当代易学研究者结合出土文献，产生了张政烺的《试释周初青铜器铭文中的易卦》《易辨——近几年来我用考古材料研究周易的综述》、于豪亮的《帛书易》、李学勤的《马王堆帛书周易的卦序卦位》《帛书系辞略论》等系列论文，恢复了《周易》经、传的本来面目，具有重大的学术意义。

作为义理学派的延续，金景芳的《易通》《周易全解》，朱伯崑的《易学哲学史》，张立文的《周易思想研究》，还有许多哲学家如熊十力、金岳霖、方东美、牟宗三等著名学者，从研究和发展易学中阐发并传承了中华民族文化的价值观念和理想，丰富发展了中国人的东方式智慧。

综上所述，中华易学在其源起流变过程中，看似千变万化，但其主脉一直有迹可循。自《周易》产生后，汉魏之后出现了象数易学，他们的思路脱胎于失传的《连山易》和《归藏易》的思维模式。易学解读思维方式的两派：一类偏重图像的象数派；一类演绎理念、思想的义理派。象数学派蕴涵老子的气息，充满玄秘感，着眼于卦象、数象的静观参悟；义理学派注重伦理的阐释，道义隐曲其中，传承了孔子的思想。这两种的不同，正是分别用道、儒来观照感悟所致。汉初重黄老之学，故官学是以象数学派为宗；宋时官方重视以儒学发展而成的理学，故以义理学派为重；清时偏重考据学等，故对汉易有更深入的研究。易学的发展历史，表现《易经》所隐含的多义性、模糊性，八卦意象的无限性、想象性，明晦莫测，玄机四出，这正是易学无穷的奇妙与智慧。正是易学的思维方式、人生哲学、象数理论，深深地影响甚至支配了中国乃至中华文化圈内各国人的思维习惯、行事方式、人生态度和价值追求。它不仅在中国文化史上占有无与伦比的地位，也是世界文化史上一颗璀璨耀眼的明珠。

二、《周易》之大道与规律

自《周易》问世后，三千多年来中华民族的优秀智者一代代连续下来研读探究，为阐述易理而留下的成果不下三千种，形成了独立发展的易学史。所谓"易学"，就是历代学者对《周易》的种种注释解读，这种千差万别的观点和学术流派，形成一套同中有异、异中有同的理论体系。

易学可追踪之源头，是《周易》。易学的繁茂，易学的变化发展，皆循《周易》。因此，《周易》之道，也便是易学之道。

1.《周易》的根本之道

《周易》的根本之道，就是《周易·系辞上传》中的一句话："一阴一阳之谓道，继之者善也，成之者性也。"这句话可说是《周易》的根本，《周易》的核心。"阴""阳"是《周易》的两个要素，根本的是"道"。"阴""阳"是气，可谓之"阴气""阳气"。所谓"阴"，是看不到的，没有光的。所谓"阳"，是看得见的，有亮光的。所谓"道"，原意为道路。"道"字由"首"与"辶"组成，"辶"作为偏旁部首，是走的意思，如延伸的形状或流动前行的状态。"首"代表开始；"首"为头，看头是看脸，看到脸便知道人面对的方向，因此"首"也可代表方向。作为"道"，是面对方向一直往前走，它具有一种内在的必然性，引申为万事万物发展变化的必然趋势和规律。

所谓"一阴一阳"，阴、阳是不同的，但这种不同不是

对立的、排斥的，而是相互依存的。有人认为有独立的一个
阴，一个阳，其实关键的是要理解它们不是独立的个体，而
是分不开的。它们互相关联，相互依存。阴离开阳，不能称
"阴"，没有单独存在的"阴"。阳也离不开阴，不能单独称
"阳"。譬如我们说天是阳，就意味着它相对于地，如果没有
地的阴，天不能称阳，我们面对的任何事物都是阴阳相合组
成。它们是同体而生，分不开。如果我们不管地，你只看
天，天本身就有阴阳，白天是阳，晚上是阴；就是白天，还
有阴阳，天晴是阳，阳光灿烂；而乌云密布，下雷暴雨，那
就是白天的阴。万事万物，都由阴阳一起组成，它才是道，
所以称"一阴一阳之谓道"，是既有阴，又有阳，单独一方
面不成道。不仅如此，"一阴一阳"还是阴中有阳，阳中有
阴。阴能生阳，阴阳转换，不断地生化，以至"继之者善
也"，这是东方式的智慧。

"一阴一阳之谓道"，以一个日用的事例来说。我们出门
必要走在路上，行在道上。大道上就有阴阳，夏天人们选择
阴边走，或树荫下走；冬天选择阳边走，在太阳下走。这就
是道上都有阴阳，没有阴阳的道是没有的，凡道路上皆有阴
阳。阴阳之道是"易"，走在道上，上午东边是阳，西边是
阴，下午就变成西边是阳，东边为阴，"易"就是"移"，阴
阳移位了。但这种变化又是"不易"，因为这是天天如此、
年年如此变化，这种变化始终如此，故为"不易"。但它变

来变去也很简单，一边是阴，一边是阳，很简易，这里就表现了《周易》的根本之道，它的变化的规律。我们每个人天天在路上走，这是"一阴一阳之谓道"的实践行为，这便是《周易·系辞上传》说的"易"在日用而百姓不自知。百姓在日常生活都在遵循运用它，却没有感悟出它。

所谓"继之者善也，成之者性也"，是指阴阳不变，不是变一次，它要不断地继往开来，连续生化演变，能续阴阳之道而产生万事万物的就是善，这是种德行；而成就万事万物的则是天道的本性。此处的"善"，是对"一阴一阳"不断调和，使之保持均衡。南怀瑾先生认为"善的作用是完成一阴一阳的均衡"。而"性"，则是阴阳在变化中又相对保持均衡，则其就生成了相对稳定的本性。这就要求对人、事、物在互济互生变化中，又看到他（它）们具有处于均衡态时的性质。朱熹认为："善，谓化育之功，阳之事也……性，则阴之事也。"可见"善"与"性"可谓之阳与阴的关系。若从体和用的关系来看，朱熹认为性为善之体，善为性之用。因此，我们对本段开头的两句可理解为宇宙间万事万物是由天地之自然本性即先天本性所决定的。但它们的延续发展，阴阳不断变化，必须对其"一阴一阳"不断调和，保持均衡，由此生成相对稳定的本性，即后天之性。这要求人们坚持善行，修养品性，遵循易道。

2.《周易》的基本结构

《周易》的基本结构，就是《周易·系辞上传》所说的"易有太极，是生两仪，两仪生四象，四象生八卦，八卦定吉凶，吉凶生大业。"这也可说是《周易》的基本内容。

（1）易与太极

所谓"易有太极"，太极是什么？就是太一。一，不是数学上的一，而是具有哲学意义上的整体的、绝对的一。太极是指宇宙最初浑然一体的元气。我们看太极图，在一个大圆圈中间有一条 S 形曲线，它分割为一阴一阳（在图中表现为一黑一白）两个对称图形，阴的当中又有一个白的、阳的圆点，阳的当中又有一个黑的、阴的圆点，对称的两个阴阳图形称作"阴阳鱼"。鱼有眼睛，眼睛与身体的颜色是对照的，代表阴中有阳，阳中有阴，它们会互相变化。因此，所认定的阴阳没有一定的，要看你的位置而定，其本身代表一种力量，即创造力和生长力，它们又代表着会变化，走向反面，所以太极图的含义很奥妙。

太极图

　　太极图中 S 形曲线两边对称的阴阳不断变化，动力源于阴阳眼。因为易的本义、本性就是"变"，不仅阴变阳、阳变阴，而且小的会变大，大的会变小。阴阳眼虽小，它会变大，大到像阴阳鱼那么大。譬如我们看阳鱼中有阴眼，如果让阴眼变大，使身在其中的阳鱼变成了阴鱼，但原先大体积的阳鱼，就小到了像阳眼一般。同理，阴鱼中的阳眼也会由小变大。太极图起源于远古时的先人运用圭表对太阳日影的观测，察看一年内日影变化的长度绘制的原始太极图，它与我们的祖先古时确定节气的方法类同，由此诞生了太极图的雏形。在此基础上产生了阴阳观念，并逐渐演化出八卦、六十四卦。

　　周敦颐的《太极图》与《太极图说》的最高概念是无极与太极。所谓"无极而太极"，无极是指宇宙万物整体存在的绝对性；太极是指宇宙万物整体性的存在。无极、太极是两个不同的概念，但却是表示同一个宇宙世界，同一个内容，因此无极就是太极，太极就是无极，两者是同一的。太极图生动形象地揭示了宇宙构成的奥秘：阴阳对立而又统一，相应而又合抱。太极图中心阴阳鱼的 S 曲线，是一分为二的阴阳双方彼此依存、制约、消长、转化的动态展现。由此，S 曲线判分的阴阳双方，互补共生，相反相成，象征着宇宙万象遵循对立统一法则实现的和谐。可以说，太极图是象数和义理结合的表述，也是对宇宙万物和人类社会简明的表达，因此它也最能代表中国固有的整体性的思维方式。

所谓"是生两仪"，是太极生两仪。什么是"两仪"？两仪是指阴阳，亦指天地，天为阳，地为阴。宇宙间浑然一体的是元气，轻清者上为天，浊重者下为地。太极与阴阳的关系，周敦颐在《太极图说》中指出："无极而太极。太极动而生阳，动极而静，静而生阴，静极复动，一动一静，互为其根，分阴分阳，两仪立焉。"阴阳在卦画中有自己独特的符号，分别用一条长横"—"代表阳；用平行的两条短横"--"代表阴。这里阳用"—"，又内含伏羲"一画开天"之义，代表力量，代表天地之开，万物之始。而阴为什么是两条短横？有人说，因一条长横是奇数，故为阳；两条短横是偶数，故为阴。这种说法还不准确。两条短横代表阴，不在于你看到的两条短横，而是两条短横中间的不连，所空缺之所在。因为阳是看得到的，阴是看不到的。因为有两条短横，才能知道有中间不连的阴。正因为中间不连，才能生长出阳。阴阳相合、相生，奥妙皆在此处。一画开天，地就能生，天地一起生长，阴阳交化繁衍，宇宙生化无穷。

（2）易与八卦

所谓"两仪生四象"，生即分。两仪也即阴阳鱼，阳鱼中阳多阴少，它可生出两个象，一个是有太多阳的象，叫太阳"="，一个是太少的阴的象，叫少阴。阴鱼中阴多阳少，故它就生出太阴"=="和少阳。四象是在两仪的一奇一偶之上复生一奇一偶而产生的，它象征的是春夏秋冬，即少阳、太阳、少阴、太阴的"四时"。

所谓"四象生八卦"，在四象的基础上再生一奇一偶，就产生了第三爻，以阴阳三爻错综排列，最终可以得到八种卦形。图中四象生出乾☰、兑☱、离☲、震☳、巽☴、坎☵、艮☶、坤☷。以上八卦依次由四象的太阳生出乾（阳）、兑（阴）；少阴生出离（阳）、震（阴）；少阳生出巽（阳）、坎（阴）；太阴生出艮（阳）、坤（阴）。八卦象征着世界形成的八种基本物质：天、泽、火、雷、风、水、山、地。

作为八卦之说，"卦"的原意是古人结绳记事，"卦"即"挂"，绳索打结而悬挂之，以记事。《周易·说卦传》认为是"观变于阴阳而立卦"以卦见象。"八卦"即用八种符号各代表自然现象中的事物，象征自然现象和人事变化的一套符号。而"爻"是两个乂，意为交错。它是阴阳两者交接、交集、交易、变化，它以"—"为阳爻，"--"为阴爻，是表述阴阳的初级符号。它由两个乂组成，一个"乂"指阴阳交错，两个"乂"的"爻"又是两个阴阳组合的交错、交易。《周易·系辞下传》说："爻也者，效天下之动者也。"这是表示"爻"乃仿效、遵照天地之规律而变动，由此构成不同的卦象。

我们说卦看爻，要知道爻比卦更重要。因为爻是基本单位，卦是由阴爻和阳爻两个基本符号组合的。作为《易》的创作形成和演变发展过程，是先有爻后有卦，离开了爻就没有卦。所以，这个爻特别重要，它是效法天下各种情景事物和行为而变动。这个"动"，它包含了天地万物之动、社会与环境之动、人的变动。可以看出，这个爻尽管只有一个阴爻、一个阳爻两个符号，但它的不断变动、变化，能够变出八卦，再变出六十四卦，变化出三百八十四爻，它所代表和效仿的是阴、阳两条爻按天、人、地三个方位进行不同的组合，形成八卦，它们各自的特征和相互的关系可以看"先天八卦图"。

先天八卦图

　　图中的圆圈假设象征太极图，每个卦形靠近圆圈的为底部，如左下方的震卦为，右上方的巽卦为，其他类推。图中的方位与我们今天看地图的方位是不同的。譬如乾卦，它的位置在正上方，代表天，但它的方位表示是正南。照现在的说法，正上方应是北，怎么乾卦在南？这里古时中国人认为，天应该在上，但天是阳，而朝南是阳，所以它的方位必是南。中国小说《西游记》中孙悟空一个筋斗翻向天宫，是到南天门，不叫北天门。我们爬泰山，是向上面爬，

要到的那个叫"南天门"。古代发明的指南针是向上指，而不是向下指。左边离卦（火卦）的中间是阴爻，你可想象农村灶头生火，以前城里的煤球炉，如今的煤气灶等，一定中间为空，才能生出火。右边坎卦（水卦），上下爻为阴，是水的阴柔，中间一根阳爻，代表坎卦内在的平衡能力，如图坎卦竖起来，就像水，流到悬崖口、屋檐口，水向下流，可成瀑布，也可滴水穿石，是坎卦中间的阳爻展现水的力量。

由三条爻组成的八个卦，一般人不好记忆。南宋朱熹在他的《周易正义》一书中引用坊间流传的民谣，起名"八卦取象歌"，以便熟记："乾三连，坤六断；震仰盂，艮覆碗；离中虚，坎中满；兑上缺，巽下断。"此中乾卦是三条连线，即三条阳爻（乾三连）；坤卦是三条阴爻，即六小段（坤六断）；震卦象盛液体的敞口器皿，开口向上（震仰盂）；艮卦象一只倒扣的碗（艮覆碗）；离卦中间是阴爻，是为虚（离中虚）；坎卦中间是阳爻，它代表充盈、充实，是充满之意（坎中满）；兑卦上面一条阴爻，中间有缺口（兑上缺）；巽卦下面一条阴爻，底部有断开（巽下断）。对于八卦的卦形、卦名、卦象和口诀相互的关系可见八卦表。

八 卦 表								
卦形	☰	☷	☳	☶	☲	☵	☱	☴
卦名	乾	坤	震	艮	离	坎	兑	巽
卦象	天	地	雷	山	火	水	泽	风
口诀	乾三连	坤六段	震仰盂	艮覆碗	离中虚	坎中满	兑上缺	巽下断

八卦表

　　《周易·系辞下传》指出："八卦成列，象在其中矣。因而重之，爻在其中矣。刚柔相推，变在其中矣。系辞焉而命之，动在其中矣。"这里对象、重、变、动的解说，也是八卦的特点。从伏羲时代的观象设卦，以阴阳二爻为基本要素到八卦图式的设想，可以说八卦是易学代表的一个基本的结构，它们相互的关系和运动，蕴涵着内在的基本运动规律。

　　（3）易与吉凶

　　所谓"八卦定吉凶"，八卦如何定吉凶？作为天地之间的人，做任何事情总希望顺顺利利，达到意想的效果和结果，这就是吉。所谓"吉"，本义指吉利、吉祥、顺吉，是一种生、聚、祥和的力量。"凶"的甲骨文古字是指不吉利，引申为凶恶、夭亡、灾祸等，或指没有生机，处于险恶之境。所谓吉凶，对于治理国家、管理企业、经营投资，乃至人生成败，都有利害关系。但我们如何来判定是吉是凶？吉与凶不是简单理解的吉顺与凶祸，在它们的背后，蕴含着易之大道。吉凶不是孤立分割的现象，也并不只是一种结果，而是一个过程，它是要以八卦所展示的易的基本规律，以及八卦所体现的各类关键要求，如天时、地利、人和等要素的相互关系中来判定。在八卦的结构和规律下，吉与凶不是一成不变、相互对立，而是互相关联，甚至可以相互转化，它们是对立又统一的辩证关系。

中国人经常会说："失败是成功之母"。中国人认为，原来的失败可以孕育出成功。中国人理解母亲辛勤努力了一辈子头发都白了，没有什么成功，默默无闻。但她培养出了儿子，寒窗苦读，考上了状元，这时候最荣耀、最成功的是老母亲。这种思维，并不牵强附会，而是符合《周易》太极的循环运动的思维模式。因为中国的农耕经济，时辰上遵循春生、夏忙、秋收、冬藏的年复一年的循环发展。中国人到了冬天都不休息，忙着冬藏。藏什么？是把秋收的果实挑选最好的作种子留下来，以待来年开春下种再生，这里就充分体现了中华民族是节俭的民族的缘由。另外，在寒风刺骨的冬天依然有人还忙着开河、积肥，这是中国人勤劳奋斗的品格。开了河，来年春天冰雪消融，新河就引来春水让庄稼又能生。留种、开河、积肥，让来年能更好的生，这离不开"冬藏"。虽然去年冬天没有生，但它带来了新一年的成功。

我们再看八卦阴阳的关联与转化，到底是吉还是凶？我们都希望事事吉利、成功，遇到吉就会高兴，但过度高兴的话，可能变成乐极生悲，如范进中举。遇到凶的话，若遵循易道而行，内心有定力，凶时守得住，就能逢凶化吉。如塞翁失马，焉知非福。祸福相依，吉凶相伴，这是《周易》的智慧。因为有吉就有利，得利就吉了吗？利后面藏着害，我们经常讲"利害"，有利就有害。我们要避害、避凶，避不了的话，还要沉得住气，守住德心，那一定会"否极泰来"。所有这些吉凶之变，关键是学习易道，做到"道法自然"。

把握吉凶之变，关键是懂阴阳之变。《周易》的太极讲阴阳，阴阳一体分不开，它们相依互变。譬如做投资的，离不开货币，货币不管是硬币还是纸币，它们都有正反两面，只有正面没有反面的货币是不存在的。我们知道正面应是阳，反面应是阴，但这不绝对。如果你面对背面（反面），你看到它了，它就变阳面；原来的正面，变成了阴，你看不到。

任何一枚硬币或一张纸币，你只能看到你面对的那一面，这就是阳，另一面看不到，理解为阴。这就如我们面对一个事物，所做的一件事情，只感觉你看见的，另一面相连的是看不见的，那就是阴。这个阴里面，充满着风险、危机、灾祸，也蕴含着希望、生机和光明。这些我们看不见，但这些与我们已看见、正发生的情况密切相关，是一件事物的两个方面，就像投资者、经营者、管理者，我们需要更多地关注看不到的那一面。如何知晓那一面？任何事物的发生、变化与结果都是有征兆、有顺序、有相关信息影响的，这就是卦象中的卦爻辞里用文字以及爻、卦相互关联影响的要素信息，为我们的决策提供指导和借鉴，从而达到理想的结果。

所谓"吉凶生大业"，一般人认为吉能生大业，但《周易》告诉我们，不仅是吉，凶本身也能"生大业"。看上去凶是不好、不利的，但所有的成功，没有凶的磨炼，哪会成功。要经历凶的磨炼，这对成就大业是必不可少的，即使决策一时的失误，投资暂时的失败，知晓这是成功的"吉"的不可缺少的部分，你会心中不慌不惧，稳住失败的心态，仍有成功的自信，这种对事业追求的信念，才会成就伟大而崇高的事业。

3.《周易》的宏伟大业

《周易》由太极生两仪的阴阳，展现着"一阴一阳之谓道"的道的基本规律，循序着两仪生四象，四象生八卦的延伸（见下图），确定以乾卦、坤卦代表天地的八个卦象的基本结构，象征世界形成八类基本的事物：天、地、水、火、雷、风、山、泽。八卦的每一卦都有三条爻，代表天、地、人三才，由于天、地、人各有阴阳，故八卦因而再重之，便形成每卦有六条爻。同时将八个卦错综配合，而构成八八六十四卦，共三百六十四爻，以此来断吉凶，做到趋吉避凶。

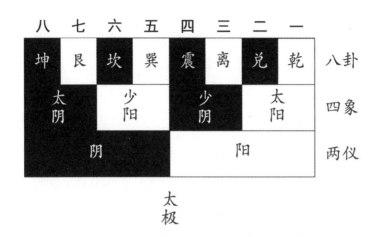

先天八卦次序图

八卦由三条爻组成，它是简单、原始的，故称"经卦"。八卦相重生出的六十四卦，每个卦由六条爻组成，故称"重卦"，即由八卦重叠而来；又称"别卦"，指由简单变繁复，别有发展之意，也称"六画卦"，八卦便称"三画卦"。

（1）六画卦的要领和内容

我们如何看一个六画卦呢？看懂六画卦，这里以乾卦为例，因为乾卦是六十四卦第一卦，只要仔细研读懂了乾卦，就可掌握《周易》的思维脉络，基本入了《周易》的门。

读看一个卦，在卦名之下，我们主要看三方面的内容：

一是卦象；二是卦辞；三是爻辞。

首先看卦象。它是由或阴或阳的六条爻组成的符号，它是卦的形象。上面三条爻称"上卦"，下面三条爻称"下卦"，它们分别是由二个八卦相合而成。"下卦"是根本，又称"内卦"；"上卦"是引申出来的，又称"外卦"。如乾卦，则把六条爻下面的三条爻合称"乾下"，把上面的三条爻合称为"乾上"，注意必须先读"乾下"，再读"乾上"。因为《易经》的卦是由下往上画的。中国古代是农耕经济，庄稼是由下面的地向上长的，任何东西都是有根基才能往上发展的，小孩慢慢长大成人，企业、公司从基层开始向上发展，这是一个基本原则。卦象中的六条爻不是单独孤立的，它们互相关联影响，使卦象成为一种气象，一种气动生变的图像。

其次看卦辞。它一般附在卦名之下，为全卦总义，以一句或几句简短的文字表达。它讲的不是细节，是以较宏观的角度和高度，表达卦象整体的理念和最主要的精神。譬如我们看乾卦的卦辞是"元亨利贞"，这是对乾卦的整体概述，有简练、聚神、系统的提示意义。

"元亨利贞"四字的本义按《子夏传》所说："元，始也；亨，通也；利，和也；贞，正也。"此处"贞"，是指坚守初心之德，便会按原本的正向方向发展，繁殖后代，延绵不息。从乾卦的卦辞，我们能领会此卦"言此卦之德有纯阳之性，自然能以阳气始生万物，而得元始亨通，能使物性和谐，各有其利，又能使物坚固，贞正得终。"也有人提出可把"元亨利贞"比喻为春夏秋冬四季的个性性格与更替循环。有人还统计过，在《周易》六十四卦中有五十八个卦辞中涉及元亨利贞等语辞，可见"元亨利贞"四个字在卦辞中具有十分重要的意义。

从"元亨利贞"的卦辞来看，元的本义是大，它可以旁通天、首、春、仁、善等义。由亨之烹煮祭物、举行祭祀之礼的本义，引申为通，旁通礼、夏等义。由利之利益本义，引申为和，旁通为义、秋等义。由贞之占问本义，引申为正，旁通坚守、坚持、信、冬等义。"元亨利贞"四字它们本各有其许多义项，但后者皆由元引申发展而来，可以说，"元"是源头，是根本，它不仅是乾卦卦辞之根本，也是《周易》之根本。由"元"而起，"元亨利贞"便循环往复，无穷生发，连绵不断，生成由"元"带来《周易》六十四卦生生不息的宏伟大业。

就"元"而言，它是中华文化最初认定的最小物质原素，即气所组成。它包含有物质将来发展的规定的所有遗传密码及信息。"元"为浑然一体，为一，为不可再分之根本物质，所有物质及生物皆由"元"而来，由"元"所构成。可以说世界即由"元"这种基本物质所构成。《子夏传》认为"元"即为最初开始的物质，最原始的物质。"元"亦是气之始。从乾、坤两卦来看，乾元以阳性物质为主，兼含阴性物质；坤元以阴性物质为主，兼含阳性物质。正是"元亨利贞"的生化变革才构成乾，构成坤，构成六十四卦，构成万物，构成天地，构成宇宙。在《周易》太极的阴阳变化中，元含有阳阴，亨、利、贞也都含有阴阳，因此，它们虽然会处于暂时的相对稳定状态，但又都无时不在地运动着、变化着、发展着、变动不居着，这一切都是阴阳的变化，是"一阴一阳之谓道"的规律的具体表现。

最后看爻辞。前面解释卦象、卦辞，是总体笼统的描述，从根本上说，还得由爻辞说起。我们参照乾、坤两个卦象，都由六条爻组成。每条爻的名称叫"爻题"，包含代表上下方位的数字和识别阴阳的数字，这数字既表明身份属性是阴还是阳，又表示所处方位上下位置的空间与产生、发展变化和结果的时间。《周易》的大智慧，在这里用最简单的数字来概括每条爻的身份与时空位置，相互关联，合三为一，高度浓缩，简之又简，令人惊叹！

我们看乾、坤二卦中的六条爻，凡阳爻用数字"九"代表，阴爻用数字"六"代表。为什么？因为数字中凡奇数为阳，偶数为阴。在一至十的数字中，最大的奇数为九，是最阳，故用"九"代表阳爻。而一至十的数字中，最阴的偶数不是十，更不是二。阴是代表最暗的，最看不到的。我们对二、四、六、八、十的排列中，从左右两边看这排列的数，只有最中间的六是最远的、最看不到的，因此是六。这个排列也就像看阴爻的符号，正如我在前面提到的，两条短横中间的不连处，这代表阴，也就是六，所以用六代表阴爻。由上可知，九是奇数里面的至尊，六是偶数里面的中间位置，所以，阳爻要至尊，阴爻要持中，这是《易经》的表述方式。

再看六条爻的所处位置。我们前面说看卦象，必须由下往上看。同样的，看六条爻也是由下往上数。处在最下面的爻称"初"，不说"一"，初表示开始，初爻既是时间上的开始，由它进入时间的概念；也是空间的开始，表明处在最底层，最下的空间。这里使时间、空间同时混合在一起而生，宇宙人生便由此生成发展。最上面的第六条爻不说"六"，而说"上"，不也说"终"。不说"终"是表示这条爻还会带来以后的变化发展，没有真正结束。如果说"六"，它没有表示数字的告一段落，应该还有七、八的继续，不是完整的内容。用"上"来表示，具有上下空间的概念，是可想象的最高空间，又是时间的界限。用"初""上"表示时空，"六""九"表示阴阳，便有了乾卦的"初九、九二、九三、九四、九五、上九"，与坤卦的"初六、六二、六三、六四、六五、上六"各条爻的称呼。我们在看其他六十二卦的各个卦时，以此对照，便一目了然。比如，我们看到一个卦中的某条爻，是"九三"爻的话，那一定是阳爻，在卦象中处第三位。若是"六五"爻，一定是阴爻，处第五位；"上六"爻，是阴爻在第六位，以此类推。

　　"爻题"让我们清楚分辨一卦之中的六爻具体是指哪一爻。在爻题之下附上的文字则叫"爻辞"。我们看乾卦最下的第一爻叫"初九"，这是爻题，而"初九"的爻辞则是"潜龙勿用"。爻辞是指该爻的性质内容，它是解说占筮得此爻时的祸福吉凶。爻辞一般字数不多。如上面的"潜龙勿用"，其意是说龙潜藏于水底，养精蓄锐，暂时不宜有所作为。可进一步理解这是时机尚未成熟，而需好好进德修业，认真学习，储备必要的知识技能，磨砺心智、沉着忍耐、等待时机。因为"易"本身就是变，在宇宙人生、万事万物的发展过程中，好坏会向相反方向发展，好的会变坏，坏的会变好。因此，即使看起来现在无用的一爻，只不过说明你目前还没有机会，然而一旦不好到极点，事情就会发生质的变化，会向好的方向发展的。

　　在《周易》的卦爻辞中，经常出现一些断语辞，懂得了它们的含义，对于理解《周易》很重要，比如吉、利、吝、悔、厉、咎、凶等。其中有些比较古僻难懂。吉，前面说过指吉利、吉顺、吉祥，当然是好的意思，是人们乐意追求的状态。利的意义也不错，"利"字是如刀割禾，有收获，得利益。这种利益是天道自然变化的道义带来的，即天道自然达到某种太和的平衡状态才带来的，是"利者，义之和也"

（《周易·文言传》），利是达到和的意思。吉、利二字，本来吉是吉，利是利。两者连起来便称"吉利"。但吉无不利，有吉必有利。不过，利并不都是吉。有些利带来吉祥、吉顺，有些利反会导致不吉，甚至是凶。同样的道理，凶必然害，而害并不一定凶。有时候看起来是害，结果却是吉。中国人说"吃一堑长一智"，甚至说"吃亏是福"。

"悔""吝"是两个重要的字眼。"悔"是犯错后感觉后悔之意，甚至悔恨莫及。它不只是心理上的后悔，还有责备自己的意思。希望把自己那种后悔的思想与行为改正，才叫"后悔"，此为"悔"的本意。当我们在卦爻辞中看到"悔"，就要想到，刚做错事的行为，以后可能还会发生，但如果及早知道是错了，自己细心分析，加以修正过错，这就有福了，也不用后悔了，因为这个过程中已出现变化，会影响日后的结果变顺、变吉。因此，在解"悔"这个字时，必须先了解它背后的意思。

作为"吝"字，本指艰难，走路很难走得通的意思，引申为事情行不通，结果会失败，还可理解为阻塞、穷困。而当事人如果明知失败，不通，却仍然偏执，甚至保持他原来的想法去做，不检讨、不矫正，这就是"吝"。对"吝"的理解，包含着心理上、决策上都对当事人影响极大之意。出现"吝"字就是一个警号，提醒你一定有某些东西需要改而你不肯改，甚至自以为是，此时你要虚心分析，甚至请教他人，因为旁观者清。当你吝而知改，改过了，就不再是吝了，便变成是悔。

作为"悔""吝"二字，《周易·系辞上传》说是"忧虑之象"，都是心中忧愁或顾虑的象征。但两者的不同在于犯了过失、过错之后，心中想要补过向善，叫作悔。犯了过失却顽固坚持不改；或口头上说要补过，心里却缺乏诚意；甚至还要找理由掩饰或推诿，即为吝。由此可见，由悔自然得吉，由吝自然得凶。凶从来不会是一下子变成的，当中总有一个发展的过程，当中有很多个的过错累积，才变成凶；正如吉也不是一下子变成吉的，当中也是经过很多人为的努力，然后才慢慢呈现的。所以，《周易》中这四个关键的断语辞：吉、凶、悔、吝，包含了甚多的学问，其中有人生哲学、经营哲理、投资启悟等，能带给我们成功的启迪和失败的教训。

另有"厉"字，本义是质地粗硬的磨刀石，引申为磨砺、激励之意。还可理解为刚硬、锐利、凶狠等义。有厉，即有危事、危险。还有一个"咎"字，原指"病"，生病通常可叫"咎"，灾害叫"咎"，过失、过错也叫"咎"。故"咎"指灾，灾祸。"咎"要比凶轻，凶是指恶果和祸殃。咎是较小的困厄，较轻的灾患，一般的过错。但咎比悔要重，悔是一种忧虑之情。悔、吝、厉、咎都是过失，但虽有过失，只要善于补救过错，便可以无咎，也就是不产生祸害。

所以，在这里"悔"字十分重要，只有悔了才会去想尽办法补过，才可变成无咎。

对"无咎"的理解，要想到中国语言文字的奥妙。"无咎"指没有过错，但它原先是有过错的。譬如"不错"，不是说没有错，以前是有错，现在是没有错，改过错了，所以说"不错"，没有直接说"好"。如果说"还好"，其实是说不完全好，有点不好，大部分是好的，是过得去的好。因此"无咎"两字隐含了"善于补过"之意，这是学习《周易》最要领悟的地方。作为人，孰能无过？有过不可怕，基本的是要知"过"并改"过"，所以看到"无咎"要特别注意反省、检讨，要善于知过则改。孔子曾称赞他最得意的学生颜回，认为他"不二过"，即指颜回不会重复再犯第二次同样的过失。由此可见，孔子的教学不贵于人无过，而贵于人能改过。

除了以上这些断语辞，当然还有一些，就不例举了。学习理解《周易》至关重要，因为六十四卦是要判断吉凶以及掌握它们的变化规律，这都与祸福及平安密切相关，体现了古代中国人的忧患意识。从《周易》关注天、地、人的关系，这是中华民族与生俱来对天的敬畏的思想。而农耕经济正是天的春、夏、秋、冬的变化，决定了一年是丰收还是颗粒无收的吉凶表现，决定了古代先人必然是忧患意识与敬畏之心并存而生，也必然遵循"通法自然"。《周易》八卦、六十四卦的首卦是乾卦，也决定了遵行天道就一定具备"天行健，君子以自强不息"的担当精神。

（2）《乾卦》爻辞的理解

面对一个卦，我们如何具体看爻辞呢？这里以乾卦为例。前面说过，每个卦的六条爻，我们是从下往上看的。最下面第一条爻叫"初九"，爻辞是"潜龙勿用"。作为乾卦，乾代表天，为阳，又为龙。龙是上古人类最崇敬的生物，认为它具有神灵的作用。龙的德性，"变化莫测，隐现无常"，正合于《易经》"变动不居"的象征，因此，古人以龙的形象，说明卦爻变化的、不可捉摸而可以想象的状态，故乾卦的六爻辞皆以龙为比喻，乾卦也有称之为龙卦的。这里的"潜龙"，是指潜伏隐藏的龙。它潜藏于地下，或水底、深渊、海底、或在天上云中，并没有确定的处所。"勿用"是指不可用、不必用、不能用等意义，是龙潜藏于水底，养精蓄锐，暂时不可或不宜有所作为。此爻可理解为一个人在事业初创和进入一个新单位时，还没有施展个人才能的机会。此时正好认真学习，进德修业，储备知识技能，磨砺心智，等待时机。

第二爻是九二，爻辞是"见龙在田，利见大人"。"田"的本意是指大地，意为龙在田地上行云布雨。"大人"可指高尚、尊贵的人，也可广义指支持、帮助和提携你的人。它表示龙已上升出现在田野上，有利于遇见有慧眼、有德才的大人物。此爻就个人而言，可理解为个人的才能品德已能表现出来，让大家得知，并得到上司和领导的认可，今后有发展的机会。

第三条是九三爻，爻辞是"君子终日乾乾，夕惕若，厉、无咎"。"乾乾"两字重复使用，表示要固守和效法乾卦刚健、中正的德性与精神，意含勤勉努力。"惕"，是小心谨慎、反思、反省之意。"厉"，指危事。"无咎"，指没有灾患与危险。此句是作为君子，要有如日经天的精神，固守刚健中正的德性，要整天勤勤恳恳，毫不懈怠，到晚上仍自勉反省，即使有危险，也不会造成祸害。由于有了九二爻的个人才能得以体现，得到众人认可和领导赏识，此时更须积极努力，勤勉工作。但经验需积累，有时难免有差错。而自己的差错和短处，就成为竞争对手的攻击，所以到了晚上还要不断反思白天作为的差错和不足之处。不管你晚上是否反省，你白天的作为已留下了危险甚至灾难的祸根，所以是"厉"，但你反省了，善于补救过错，就"无咎"，就不会造成恶果、产生祸殃了。九三爻的关键是"夕惕"，能否反省，至关重要，否则前面都全功尽弃。

第四条是九四爻，爻辞是"或跃在渊，无咎"。此爻是为后面的九五爻作铺垫，关键是一个"或"字，在这里指机遇。前面初九爻犹如潜伏在地底的龙，它有蛰伏的状态。本爻，可假设像一条潜伏在深渊的龙，它有足够的深水和活动范围，虽然有时要想乘风云而上天，但也可以保持它蛰伏不动的状态，在深渊中悠游自在地游动。这个"或"，就是等待时机，一旦时机成熟，它就会跳跃出水面，一飞冲天。这个"或"，是它保有进退有据、潜跃有心的状态，是在等待机遇，寻找时机。这正是它本身具有潜在的功能还未发动作用之前，不会有什么过错和毛病。如果跃出深渊，乘风云而上天，便达到至尊之位。

第五条为九五爻，爻辞是"飞龙在天，利见大人"。这个阶段，是龙的最佳状态，是功成名就最得意的状态。此谓龙高飞于天空，可以居高临下，俯视天下万物。又象征一天的正午，太阳正当高空，正值日丽中天的情景，也如中国历史上称皇帝为"九五至尊"，寓意最尊之位。此处的"利见大人"与九二爻义有不同，九二爻是有机会见到提携自己、引荐自己的有地位和品德修养的高人。此处九五爻的"利见大人"，是能得到辅助自己、顾问自己的栋梁之才。见到德高望重、睿智忠心的大人物，自己可与他们一起经邦济世。

乾卦的最后一爻为上九爻，爻辞是"亢龙有悔"。上九爻是乾卦最高的位置，也是最后一爻，它已身在高处不胜寒的境地。"亢"指极，引申为高，"亢龙"指飞得很高很高的龙。老子说"物壮则老"，物极必反，《周易》说"盈不可久"，这第六爻就是一个危险的位置，龙腾飞过高，超过极限，将会引来令人悔恨的灾祸。

《易经》六十四卦中，有六十二个卦的爻辞是六句，对应六爻；只有乾、坤两卦的爻辞是七句，各多了"用九""用六"。所谓"用"，是指运用、效用的意思。因"九"是最阳，故"用九"就是发挥至阳的效用，至阳会变阴；而"六"是最阴，所以"用六"就是发挥至阴的效用，至阴会变阳。因为乾卦的六爻皆是阳爻，阳九发展到极致会反变阴，全卦或任何一爻都会受其变而变化。

乾卦用九的爻辞是"见群龙无首，吉"。这里"无首"，是指没有领头的，没有首领来指挥群龙。这里"群龙无首"不是现代汉语中理解的没有领导、没有指挥，混乱无序的状态，其本意是说有很多龙，达到了"群龙"的程度，但群龙之中，没有一条龙强到足以凌驾其他龙之上做头领，指挥别人。此时每条龙的能力各有特色，各有所长，势力较均衡，所以才群龙无首。它是各条龙各自顺时而变，随位而成，是一个互相关联分不开的整体，是群龙飞天，没有首尾之分，谁也不以首领自居，各遂其志，这种状态就是"吉"，就会获得吉祥。

《周易·小象传》指出"天德不可为首也"，《周易·文言传》说"乾元用九，乃见天则"，可见群龙并起是"天则"，社会发展各展其能，各施其才，各显神通，是最理想的境界，是天的规则。在群龙的变化中，没有哪一爻或哪一条龙是处于引领或统帅的地位，群龙都按自己的自然状态变化着，自然吉无不利了，就达到《周易·文言传》所解释的"乾元用九，天下治也"，可以造就天下大治的辉煌业绩。

从前面对乾卦的卦爻辞的分析，我们还要注意，在看卦象时，首先要有象数的思维方式，但看卦不是根本，根本的是解卦，解卦的过程又需要义理的思维方式。事实上，在象数思维中，已含有义理的思维，而义理的思维一定离不开象数。

（3）乾卦的卦爻辞对投资的借鉴与启示

《易经》是古代第一部关于预测与决策的书，它的功能是"推天道以明人事"。它最早提出了在决策中需要明确的三大基本要素：一是确定性，确定吉凶；二是非确定性，即反复，了解事物变化；三是风险性，即危、亡。以上三要素对于国家安危、企业成败、投资得失、人生祸福至关重要。乾卦卦辞的"元、亨、利、贞"，从"元"可推测以后发展的可能性、可行性，内含着事物发展的规律，犹如春夏秋冬，见到春，后面必有夏；到了冬，又会转为春。运用这些要素和规律，可以进行预测和决策。

从乾卦的六爻辞来看，《易经》认为最下面的第一爻和最上面的第六爻非常重要："惧以终始，其要无咎，此之谓易之道也。"易之道特别关注初始与最后阶段是否顺吉，这至关重要。就如投资，在最初的选择项目顺利展开和最后的赢利收官是最重要的。因为第一爻预示着事情刚刚发生，

"其初难知"。初始条件会对未来产生巨大影响，其效用也会不断被放大。这告诉我们，在事情刚刚发生时，必须十分谨慎。企业家做投资，刚开始时，不能立马就盲目投资。它的前期准备特别重要。初九爻"潜龙勿用"，就是告诫初创时期不要急于出手，在了解环境收集信息、寻找资金、发现客户、积累投资知识、审慎选择项目方面做好充分准备。在企业投资前，应洞察市场先机，明晰自身资源条件，其最初选择进入哪一个细分市场领域，企业最初占据了整个产业价值链的哪一个环节，都必须未雨绸缪，审慎而行。企业投资，不是短期行为，而是长期战略，它始终贯穿企业生命周期的全过程。它要不断为企业补充新鲜血液，增强企业的活力与生命力，实现企业的市场扩大和事业辉煌。它在乾卦中的体现，就是"天行健，君子以自强不息"。这里"自强不息"的本意，并不仅是字面上简单理解的一直进取不停息的意思，它同时包含着不断反思、警觉和谦逊的意思。此阶段的"潜龙勿用"，不是"没用"，而是厚积薄发、志存高远，是积累自己、等待时机。此处的"用"，不是一般指"用处"，而是经济学上所说的"效用"。它通过积极努力与储备，肯定会有发展。"勿用"的阶段，是"君子藏器于身，待时而动"，因此，它也是伟大的，因为它有未来。

到九二爻"见龙在田"，是企业建立了基础阶段，是企业投资获得初步成功的阶段。"田"是指大地，在大地上立足，但这还不是龙的理想，不是龙的战略目标。龙的理想和战略目标是天，所以这是一个历练阶段、初级阶段。这时企业的规模比较小，投资量不多，客户有限，产品刚被市场接受，但不稳定，销量也有限。此时企业还不能作大的投资，但可能每天都有收获，企业发展快，市场在扩大，投资利润在递增。企业就像一轮破晓的朝阳，每时每刻都在冉冉上升。

此阶段关键的是"利见大人"。企业的初创阶段，积聚和锻炼了管理干部和基本员工，与市场及客户有了密切的接触、交易、交往，结识了一些能人、强人，也就是此阶段的"大人"。企业家和这些"大人"在一起，获得了更多学识与阅历，锻炼了投资实践中的经验，获得失败的教训与成功的效果，没有他们，企业和企业家不会有大的成功。

到九三爻时，经过上一阶段获得初步经验和投资成果后，此时的企业家对成就感要求不高，需要的是进行反思和检讨。乾卦的六条爻，下面三条是八卦相重后的下卦或内卦，上面三条爻是上卦或外卦。下面三爻是基础，或叫初级阶段。上面三爻是高级阶段。因此第三爻的重要性在于进行反思、反省后，企业才能进入高级阶段，企业投资才能有更高的质的腾飞。在此阶段，既要"终日乾乾"地不懈努力奋斗，更要"夕惕"反省，时刻保持警醒，与时俱进，不犯错误，就如《周易·系辞下传》所说："危者，安其位者也。"

处于危险状态的人，都是只安于现状，安于其所处职位的人。反之，一位企业家能意识到企业时时可能处于失败的危险之中，战战兢兢地活在危机中，企业反而是发展更快、更稳、更好。这就如比尔·盖茨所说的"微软离破产永远只有18个月"的意思，也是海尔集团张瑞敏经常讲的，总是感觉如履薄冰，如坐针毡，如临深渊。这不是故弄玄虚、自我紧张的夸张之词，而是张瑞敏对企业、对事业的忧患意识，也是对他承担的企业使命的一种敬畏之心。只有这样，才能达到企业的"无咎"状态。这也就是《周易·系辞下传》中所说的："安而不忘危，存而不忘亡，治而不忘乱，是以身安而国家可保也。"

经营企业的投资，之所以要不断反思、检讨，是为了少犯错。那在九二爻的阶段为什么不说"夕惕""无咎"？因为那是初创阶段，投资可以犯错误，甚至错误犯得越早越好。因为这个阶段的错误，可通过下一阶段"九三，终日乾乾"的不懈努力，修正错误。孔子说过："过而不改，是谓过矣。"做一项投资，不可能每次都选对，犯错误是难免的，而且错误发生得早，通常后果的严重性会降低一些，影响小一点，还来得及补正，关键是改过、补正。因此，在企业经营投资时，多数情况下，比拼的就是谁犯的错误更小、更少。一位成功的企业家，投资时是在应该作出某种决策时作出了决策，而没有犯错误。"无咎"就是在该投资的时候投了，在不该投资的时候没去投。因为即使以前的投资有多次成功，一旦后来有失败，很可能功亏一篑。所以，投资就要做对的事情，就是要把投资做对，不能经常犯错，甚至大错，否则企业只能停留在九三爻，始终处在初级阶段。

进入九四爻，那是一个更有深度、高度的空间，"或跃在渊"。九三阶段的"无咎"，使企业做好了内部条件的储备，此时若外部条件完备，便有机遇跃进高级阶段。九四爻的"或"是指抓住机遇的话，就有质的变化，能进入高级阶段的第一个位置，开始把投资视线转向更大的发展空间，比如IPO（Initial Public Offerings，首次公开发行股票或者说新股上市），可以得到投资的几何级倍数的效益。在投资过程中还是坚持"无咎"的原则，做对的事情和把事情做对，不犯过错，或者出现错误及时纠正，企业就能顺利前行。

到了九五爻"飞龙在天"的阶段，是企业最为得意自如的时候，企业投资得心应手，企业家潇洒自满，做投资有点指点江山的味道。此时的企业或企业家，具有行业领袖的江湖地位，做过一些投资战略或战略并购之类的操作，企业从产品市场向要素市场扩张，一般还可能做些多元化的投资。可以说，无论企业是否上市，"飞龙在天"的企业，肯定是其所在细分市场时空范围内的"大盘蓝筹"。

当企业家在九五阶段有种"君临天下"的感觉时，背后已隐藏着危机，必须特别警惕。此时重要的是又能"利见大人"。在九二爻的"利见大人",是一个有战斗力的团队,有好的合伙人共同奋斗,就是人力资源。到了"飞龙在天"的层面,最稀缺的资源就是人才,更需要德高望重的智者。这个阶段的企业不缺钱,它的地位也能吸引与自己有合作的集团、公司的资金,银行遇到优质企业也愿意贷款融资。此时,企业更需要吸收引进新技术及世界范围有丰富投资与管理经验的人,为企业出谋划策,为企业的持续发展保驾护航,保障企业基业长青。

到了上九爻,已是乾卦最高的位置、最上面,后面就没有了,这是"亢龙"飞得太高,处在了一个危险的位置,因而"有悔"。当某一事物达到鼎盛之极时,也就是它无可避免的衰亡时刻。这也如太阳到了顶头,便开始西斜了;月亮到了满月,便开始"下弦"了。在《易经》的理念中,从来不走极端,不主张最好、最高,就如企业在投资中,不始终追求项目最大,盈利最高,而是追求能持久赢利,能持久地生生不息,这才是《易经》的追求,是易学之道的精神。一切事物的发展都是辩证的,都是阴阳对立互相转化。"亢龙有悔",就是提醒我们凡物极必有反,得胜时、位高时,不能得意忘形、忘乎所以。

以上的乾卦六爻,它们既有每个阶段的地位、特点和要求,更有相互关联、相互影响的因素,它们形成一个主体,其中有它的理念和信念,有它的核心精神,这就是乾卦的主体思想："天行健，君子以自强不息"。天的本性就是"健"，它的"自强不息"并不是猛干到底，没有节奏，没有技术含量，它是一个有前进、有等待的起伏过程，里面体现了阴阳的转换变化，是一个不断反思、反省的进步过程，是一个不断适应外部环境，协调天地人的和谐关系，善于与"大人"相处并不断学习的成长过程，是一个不断变化、创新的发展过程，这样的"自强不息"，才是真正符合《周易》的道的精神。六爻的特点与关联，变化与发展，就是体现周易之道的不断前进、不断生生不息的"健"的精神，这才是我们民族真正的传统，是今天实现民族复兴还要继承与弘扬的法宝。

　　乾卦的六爻，构成了一个六阶段的乾龙周期，即"潜龙藏聚—见龙得利—惕龙反思—跃龙机遇—飞龙成就—悔龙扬弃"的过程。这是对国家、社会、企业与个人的周期性成长历程，作了一个高度浓缩性的表述，揭示了事物发展的一般规律。无论是高层领导人物，还是企业家、投资者甚至个人的成长历程，可能每个人的具体经历不同，在任务、事件、场景上不一样，但每个人成长中的内在规律、发展脉络却是类似的，仿佛都有乾龙周期六阶段的影子，是被这条内在规律安排的，不遵行这个规律，一定会失败，一定遇到凶，从古到今，概莫能外。

　　乾龙周期规律告诉了我们一个中国古老而实用的行事

规则，是到哪个阶段做什么事，怎么做事。就像古时中国人按照"老天"的安排，遵循道的规律，在春夏秋冬不同的季节，做不一样的事，做好必须做的事，不误农时，这就叫"道法自然"，这样才能事事成功。我们与时偕行，在正确的阶段做正确的事情，"是以自天佑之，吉无不利"，只有你的行为符合客观规律的要求，"老天"才会保佑你。这个"天佑"，不是靠烧香祈求得来的恩赐，而是按客观规律办事的自然的结果。

在乾卦六爻的基础上，再加上"用九"，是充分体现领导者的最高思维，即到了"群龙无首"的阶段，企业领导者必须充分发挥不同部门的人才所能，富有创造性地出色完成各自的本职工作。开创事业和发展事业，不光靠领导一个人的力量和才智，而是要群策群力、人尽其才。领导者的智慧不在于事无巨细一把抓，而是发现并及时开启部属的优势区域，让能干的人都能干好，每个人为了实现人生价值，在各自的工作岗位上，都把自己的显能和潜能充分发挥出来，不需要领导对每个部门直接管理，这就是"群龙无首"、无为而治的境界。

乾卦六爻周期性的规律，是企业成功的规律。由初九至上九，再到用九，它们循序渐进，不断发展，此中充满着吉凶，也正是这过程中的吉凶，成就了企业。因此，《周易》基本规律的最后一句概括，就是"吉凶生大业"。

《周易》由八卦生成六十四卦，每一卦都包含它自身内在的规律，它们的排列也是前后有序。乾、坤两卦是开端，最后，以既济、未济两卦终，其先后排列各有内在关联。正是六十四卦宏大的阵容，构成《周易》取之不尽、用之不竭的伟大的中华文化智慧。

三、易学之思维与境界

作为易学，"易"字是上日下月的象形，东汉魏伯阳在他的《周易参同契》中认为"日月之谓易"。易以日月合成，日月是天地之大象，日为阳，月为阴，即以日月运行所带来的阴阳变化，表示易的核心。日月往来，白云苍狗，瞬息万变。可以说，天地万象，山川人物，动植飞潜，无一不变，这些变化的现象，便是易学研究的范围。正是这些源于万物本性的变化，使得旧事物淘汰、消失，新事物产生、出现，形成宇宙万物的生生不息，变化无穷，巍巍壮观。

易的本性，它的永恒的变的原动力，是一种恒长的动力，推动万事万物不断地产生、发展、变化、壮大，又被淘汰、消失，又出现新生、发展，顺此无限循环，这是阴阳、刚柔不断变化消长所产生的轨迹。因此，新的东西一定取代旧的东西，现在代替过去，未来代替现在，这是必然发生的事。也正因为这样，在最困难、最艰苦的时刻，我们不会失去对未来的希望。在顺境，我们更要居安思危，未雨绸缪，以避免危难的发生。

易学所体现的"变"的思想，成为宇宙万物生长、企业基业长青的恒常动力。

1. 易学的恒常动力

"变"是易学的动力，具体表现为三个规律，或讲易有三义，即变易、简易、不易。东汉郑玄在《易赞》中认为：《易》一名而三义：易简，一也；交易，二也；不易，三也。""交易"其意指事物相交而化成，也就是万物之生命在于其相交，也就是变易之义。"易"既有变化之义，尤有更新之义。变化是现象，是过程；更新则是本质，是目的。可以说，此"三易"表现在万事万物存在的始终。

（1）变易

易学认为，宇宙中的任何事物都包含着阴阳两个既矛盾对立又和谐统一的方面。宇宙万物，除了阴就是阳，除了阳就是阴。事物出现，便分阴和阳。阴阳是运动的，阳发展到极点，没有再发展的路，阴就从中而生；阴发展到极点，没法再发展了，阳也就从中而起。因此，阴阳的运动发展，最后各向反方面转化，没有这种反向的运动，事物便没有生命。正是这种阴极则生阳、阳极则生阴的消长盈虚的相互转化，使天地间万事万物随时随刻都处在变化之中，而且这种变化是一而二、二而四、四而八，以至无穷。这就是宇宙万象之本，世事万化之根，这个变化的根本，也就是万物的恒常动力。

《周易·系辞上传》说："圣人设卦观象，系辞焉而明吉凶，刚柔相推而生变化。"可见圣人设卦是为了观象，再用卦爻辞通过刚柔的推演断吉凶。在吉凶与祸福之间，往往是相互倚伏，互相依存。不过，困难时，往往会较谨慎小心，故容易度过难关。但顺利时令人生骄，往往孕育发生危险的机会。《周易·系辞上传》又说："是故吉凶者，失得之象也；悔吝者，忧虞之象也；变化者，进退之象也；刚柔者，昼夜之象也。"这里的吉凶、悔吝、变化、刚柔，与得失、忧虞（"虞"指防备）、进退、昼夜诸词，既是对立的，又是关联的、互相推演变化的，所有的变化都是有缘由的。我们看《周易》的六十四卦本身就是从自然现象的变化之中演绎出来的，六十四卦显示了六十四种自然静态现象，三百八十四爻演化了三百八十四种动态的变化。自然万物的千变万化是遵循一定规则的。《周易》正是通过六十四卦的结构及其卦爻辞，来帮助人们知晓宇宙在变、世界在变、万事万物都在变的自然趋势，从而蓄积能变的力量，修养提升主变之德行，做一位"与时偕行"的明智者，变其所当变，变则必求其通。

在六十四卦中，每个卦是个性的，又是相互关联、互相转换，不断变易的。比如乾和坤是纯阳、纯阴的两卦，它们被称为《易经》的门户，是《易经》的入门总纲。《周易·系辞下传》指出："乾坤其《易》之门邪？乾，阳物也；坤，阴物也。阴阳合德，而刚柔有体。"天阳地阴，阴阳之德相配合。而阳为刚，阴为柔，天刚地柔，各有体性。《周易·系辞上传》又说："是故阖户谓之坤，辟户谓之乾。一阖一辟谓之变，往来不穷谓之通。""阖"是合，"辟"是开，关闭为坤，打开就是乾，即是一暗一明，这就是变换、转变，就如植物荷花，太阳出来，它的花朵与叶子都张开了，到了晚上它就闭合。如此"往来不穷"，不断变化，变则通，通则久，自然规律和社会规律都有相同之处。

由八卦乾坤相叠，可成六爻卦的泰、否两卦。泰卦在《周易》中为吉利之卦，卦辞为"小往大来，吉亨"；否卦则是不利卦，卦辞为"否之匪人。不利君子贞，大往小来"。泰卦为乾下坤上䷊，乾在下，乾的本能运动总是向上；坤在上，坤的本能是往下，这样上下交通就是天地相交，"天地交而万物通也，上下交而其志同也"，天地相交就是泰，象征通泰与天地同心同志，万事皆成也。否卦为坤下乾上䷋，天与地相隔，天地不交，代表天地各行其是，阴阳阻塞不通，所以否为不好。但就因为否不好，坏到底，又会变易、转化，成为了"否极泰来"。因为泰为通顺，否是闭塞，二者相辅相成，互为因果，关键是交而能通，事物的性质就会转化，懂得祸福相依的道理，自然转否为泰，因祸得福了。六十四卦中，革卦与鼎卦，损卦与益卦，是两组相邻的卦，它们分别组成两句成语，"革故鼎新"与"损益之道"。革卦是下离上兑☲☱，离为火，兑为泽，泽中有火。火由下往上燃烧，泽由上往下滋润，离火太烈则泽水干涸，兑泽溃决则离火熄灭，两者相克而不相得，有变革之象，故称之"革"，就是改革、变革之意。变革必须在时机成熟时采取行动才体现对改革表示出诚信，并取得信赖与支持。革卦下离为明，上兑为悦，进行明智和使人信服的除旧布新的改革，具备元始、亨通、祥和、坚贞的德性，所以它的卦辞说"元亨利贞"，如此就不会后悔改革。

鼎卦是下巽上离☴☲，木上有火，用木进入火下，象征烹饪食物奉养圣贤的鼎器。古代置于宗庙作铭记功绩的礼器，具有显贵与盛大的象征。巽为顺，离为明，以此显示君子逊顺而又耳聪目明，他会因鼎而居守正位，固待自己的使命，不负众望。此卦的卦辞"鼎：元吉，亨"，鼎具有鼎盛、安固的意思，象征吉祥，亨通。鼎在古代是炊煮的器具，使生食变为熟食，这是最彻底的变革，所以革卦之后紧接着就是鼎卦。《周易·杂卦传》说："革，去故也；鼎，取新也。"可见，先革后鼎，就是去旧更新。鼎卦要励精图治，开创新局，这是大吉大利的事，前景必然亨通畅达，此也就是"革故鼎新"成语之由来。没有"革故"的变易、改革，哪来"鼎新"的亨通局面。

损、益两个相邻的卦，损卦下兑上艮☶，兑为泽，艮为山，因卦象上山下泽，是指山的下面又水泽，大泽浸蚀山的根基，使大山受到伤损，象征减损，有折损、损失的意思。作为损卦，上山下泽，山在上，而泽已在地不能复上，于是山不生草木，而泽为荒泽，不产五谷，皆有损也。

益卦是下震上巽☴，震为雷，巽为风，风和雷互相激荡，风烈则雷迅，雷激则风怒，二者互相增益彼此的声势，故谓之"益"。益卦的卦辞是"益，利有攸往，利涉大川"。《周易·彖传》在解释益卦卦辞时认为，益卦的卦体是由否卦变化而成，它是由否卦的上九来到初位，把其他各爻往上推进一位，就变成益卦，因此可说益卦是损上益下，上为君，下为民，由上而下，使人民受益，得到无穷的快乐。又因益卦中的雷为动，风为顺，顺从正理而行动，会使每日都有增益，日进有益，便是利于有所前往，所以是"利有攸往"。益卦下震为足，为行；上巽为木，巽在五行中属木，象征木舟，故为"木道乃行"，有利于木舟通行，利于涉越大河，所以说"利涉大川"。《周易·彖传》特别强调："凡益之道，与时偕行。"因为大凡增益的道理，时间要素特别重要，关键是抓住发展变化的时机，所谓"机不可失，时不再来"，在适当的时间，做适当的事，与时辰相伴，相携前行，才能无时不益，道法自然。所谓"损益之道"，损与益的关系，《周易·序卦传》指出："损而不己必益，故受之以益。"说明损的方面一直减损下去，到了拐点，必然开始增益。益卦的六爻辞的内容，对我们都有益处，都有启发。初九爻辞的启示是只有建立了非常之功，得到世人的公认，才有充分的话语权，这是"益"。六二爻辞的启示是在鲜花和掌声中不自满，就会得到增益。六三爻辞指出获益之后不要独自享受，而要诚敬知恩，回馈社会。六四爻辞表达的是要有"损上益下"的益天下之志，考虑和协调各方面的利益所得。九五爻辞，九五刚居阳位，得中正之道，以阳刚中正之德居于君位，以至诚仁爱之心对待平民，把手中的权力看成是为民众谋利益的工具，便能克服一切困难，得志于天下。这要求领导者更有仁爱之心，减损自己的多余，以增益民众的不足，这才能增加民众的利益，让民众安居乐业，国家才能稳固安宁。上九爻辞指出了处理损益之间关系的原则，是有余者损之，不足者补之，损有余而补不足，使损益双方共赢。如果没有损上益下的心志，反而要求损下益上，贪得无厌，则必然遇凶，成为事业的失败者。

企业的经营与投资，必须追求在渐变中有突变，革故鼎新，否则难以取得成就。在事业取得发展和成就之中，如何运用损益之道，又是企业成败的关键，在驾驭中通过变易来权衡。当企业做成大事业的时候，就是丰卦。丰卦是离下震上☳，离为电，为明；震为雷，为动。雷电皆至，闪电的光明和雷声的震动互相助势，有丰大、盛大之象，故称之"丰"。丰卦的卦辞是："丰，亨，王假之，勿忧，宜日中。"《周易·序卦传》对此卦辞说："得其所归者必大，故受之以丰。丰者，大也。"之所以称"丰"，是已有大成就，实至名归也。此时事业已盛大，自然顺遂通达、亨通。君王治理天下，应重视和崇尚大局，君王亲自前来，活动宜在正午太阳当头时举行，因为正午阳光普照天下，恰如君主得德行惠及天下，可见企业的事业也如日中天。丰卦的卦义是告诫君王丰大事业时要守持中道，在爻辞中强调以大局为重，为人处世可以有傲骨，但不可有傲心，保持谦虚谨慎，而不可骄傲自大，因为"谦受益，满招损"，此处也体现损益之道。如果以胸怀诚心与人相处，以诚相感，定能消除隔阂矛盾，使事业顺畅。一个善于团结人的领导者，才是能干大事业的，独木不成林，众志才成城，有聪明智慧的领导者，都以宽大胸怀和广大雅量的个人魅力，团结一切可以团结的力量，做成重大的事业。

可以说，六十四卦的每一卦、每一爻，都时时处处呈现着变化运动的状态，特别是最后的既济、未济两卦，更具有变易发展的哲学思想。既济卦下离上坎☵，离为火，坎为水，水火相济，阴阳相交，各得其所，是为成事之象。卦象是火上面有水，犹如煮成食物，象征事业成功。"济"的本义是指河的名字，叫济水。济又指渡河。既济可喻已渡水成功，其卦辞"既济：亨小，利贞，初吉终乱。""亨小"是指事情初见成功，亨通吉利。但它"初吉终乱"，前面的小吉如稍有不慎，可能导致混乱并最终发生变故，既济之道会陷入绝境。此中告诫人们即使事物已有所成功，其中也潜藏着最大的危机，盛极必衰，物极必反，此中让人感悟的是，长治久安是极不容易的，稍有疏失就会酿祸，所以必须时刻保持清醒的头脑，居安思危，未雨绸缪，采取积极的预防措施，避免灾难性的后果。

未济卦是下坎上离☲，火在水上，火性炎上，水性下润，往下流，火与水向背不交，没有起到相济作用，说明秩序已乱，需要重整乾坤，万象更新，故称之"未济"。卦象上未济卦与既济卦正相反，未济指渡水没有成功，是事物未成之时。其卦辞"未济：亨。小狐汔济，濡其尾，无攸利"。此中，"小狐汔济"，是指面对一条新河，小狐快要游到对岸，几乎就要成功了，可是尾巴被水打湿，即"濡其尾"，小狐拼尽了最后一点力气，也举不起沉重的大尾巴，掉进河里，结果是"无攸利"。由此可见，小狐不是不努力，而是自身实力不足而不能达到终点，事业未竟。

既济卦与未济卦是相对相反的两个卦，既济卦的六爻均为阳爻处阳位、阴爻处阴位，全部六爻都当位，是最顺、最吉、最能成事的卦；而未济卦六爻均为阳爻处阴位，阴爻处阳位，爻全部不当位。但这不当位是事业尚未成功之象，凡相邻的二爻阴阳相应，刚柔相济，内含着未济之时的可济之理，所以未济不代表不济，只是"未"而已。此时谨慎分辨事物，使之各居其所以当位，从中发现机遇，驾驭机遇，有所作为；在机遇不成熟时知道节制，不盲目作为，任何事物都是对立又变化，而又统一的，既济可转为未济，未济也可转为既济，世间万事就在这否定与否定之否定的对立统一中发展，永无止境。

有人对六十四卦最后不是既济卦，而是未济卦有些疑惑，因为按照中华传统文化理解，最后是既济卦，表明事业已成，是大圆满的结局，是有始有终的完美结果。但把既济卦放前，便是从第一卦乾卦至第六十三卦既济卦，寓意着一个事物的全过程，所有事情都成功了，达到了最理想的美好结局。再有第六十四卦的未济卦，便是新的事物的出现，新的全过程的开始。如此循环往复，阴阳变易，生生不息，这便是《周易》的变易之道。之所以最后是未济卦，就是说明事业的成功，其实只不过是未来一个更伟大成功的开始。正如人们期待月圆月满，达到满月后一定月亏。正是月亏，又期待和争取新的月满。正因如此，人类心中永远有期待，有希望，有追求，有奋斗，社会才不断进步发展。

可以说，既济卦与未济卦，是浓缩了易学中所谓变易的规律，是事物变化发展、生生不息的恒常动力。

（2）简易

《周易》的本质是变，世界万物皆变，无物不变，无时不变，但它又不是乱变，无序的变，杂乱的变，它的变有一定的规律，是循序渐进的变，在一定量的积累中，又出现突变、质变，这样的变化是有轨迹可循的，有基本线索可描述的，所以它是简单的，因此这种变易又称"简易"。简易的涵义，源自天地自然的法则，本来就是简朴而平易的。《周易·系辞下传》说："夫乾，天下之至健也，德行恒易以知险。夫坤，天下之至顺也，德行恒简以知阻。"乾是天下最为刚健的象征，其德行是恒久而变易，知道险难之所在。坤是天下最为柔顺的象征，其德行是恒久而简约，知道阻碍之所在。天的强健让它不断在变，在易；地的柔顺让它不断在简，这是天地间在易与简相合之间表现的简易的规律。所以孔子就说："乾以易知，坤以简能。易则易知，简则易从。"此说乾天可以用刚健变化来知道它，坤地以柔顺简约来运用它。不必把《易经》的法则看得太难，它其实应该是简单易懂的。宇宙间的万事万物，虽然在不断变化发展，但都有一定的规律可以遵循，事情虽然看起来错综复杂，难以解决，但你总结把握了事物的内在固有的规律，将复杂的事情简单化，这就是简易。

简易的法则，源自"大道至简"，这是宇宙的一种运行法则，《周易》是高超并充分运用了这一法则。《周易》将万事万物都纳入六十四卦，所以它包罗万象。从《周易》的易数上看，《周易》以一为始点，它只讲一位数的"一"，其余的数都是来自"一"而变化递增。运用的计算方法也很简单，即加法和减法，万事万物的变化也正是如此，非加即减，或多或少。八卦和六十四卦仅仅用了最简单的"--"和"—"两个符号，由阴阳而成乾坤，乾坤生六子为八卦，由八卦重之而成六十四卦，三百八十四爻。一卦而备众象，一爻而明众事，六十四卦、三百八十四爻就演绎出了宇宙万物、人世万象的无穷变化。《周易》散之三百八十四爻，聚之六十四卦，约之仅八卦，再简之仅两卦（乾坤），再简之仅二爻（阴阳），再至起始为"一阴一阳之谓道"，仅一也，一为道，道就是一，至简也，道者简易也。

以"大道至简"来理解简易的法则，那就是越是高深的思想，越要运用简易的思维去解释它，就像《周易》这部被视之充满奥秘的著作，其最深奥的道理，皆在日常平凡生活之中。就如阴阳的关系，天地人的关系就存在于我们日常普通的用餐之中。吃饭用的筷子，一定是两根筷子可吃饭，一阴一阳。筷子平放于桌上，左边那根是阳，右边那根就是阴，中国人的方位是男左女右。每根筷子有两头，一头圆，一头方，代表天圆地方，天阳地阴，它们在一根筷子上，分不开，分开就没有天地阴阳。当我们用手握住筷子时，手一定握在筷子的中间，用手，就代表人，此时筷子上就体现了天、地、人的关系。日常语言中，我们一般说"一双筷子"。"一"代表天，这里面包含了阴阳。这就形象说明了"一阴一阳之谓道"，它们合在一个"道"里，这才真正理解易学之道的奥秘。"一阴一阳之谓道"，说明阴阳一切变易的复杂的道理，是最典型的"简易"。

（3）不易

宇宙中的万事万物虽然是不断变化的，但都遵循着一定的规律，这个规律就是"不易"。所谓"不易"是《周易》所阐释的哲理，这是不会改变的。因为宇宙生化，虽然错综复杂，瞬息万变，但在变易之中，同时含藏不变之理，如日月往来，寒暑相推这样的万古之常道是不易的。

易学讲变易，又说不易，这并不矛盾。按易学之理，世事有动必有静，有变就有不变，变的是万物的阴阳流行，不变的是易的道理。变的是天地之间的万事万物，不变的是天在上、地在下的天地定位，天地之间循序往来，斗转星移、寒来暑往，热极则风，壅极则通，月盈必亏，花盛必谢，这些都是始终不变之理。此中变是绝对的，不变是相对的；变中有不变，不变中有变。汉代大儒董仲舒认为："道之大原出于天，天不变，道亦不变。"道之所以不变，是它作为天地客观的自然规律始终存在，不会改变。

从另一角度，自然万物的变化是不以人的意志为转移的。大道本自然，白天与黑夜，阴晴与圆缺，春华秋实，沧海桑田，这是自然的轮序。人在天地间只能效法和顺应这种自然，不能主观随心所欲改变自然。《道德经》中老子强调"人法地、地法天、天法道、道法自然"，讲的就是天、地、人，都存在一定的法则必须遵循，这个法则就是道。这个法则是自然界的固有规律，不以人的意志而改变，这是"不易之道"。

因此，对于"不易"，它不是不变，它不否定变，它是认可宇宙万物总在变，而这个总在变的现象、规律是不会改变的，即在变动的背后有着永恒不变的真理。我们不能让千变万化的现象迷惑了双眼，心中要有定力，看清万变背后的本质，就是万变不离其宗，这就是"不易"。而这个宗，就是道。至此，我们把握不易的道理，就能驾驭变易的规律，即以不变应万变也。

《周易》的变易、简易、不易这"三易"，如果对照辩证唯物主义的定义来理解，互相是吻合的，一致的。"三易"的基础是宇宙万物的存在，又不断变化、发展、无有穷尽。《周易》认为万物存在的元素是气，气是一切事物的力量，宇宙间最基本的一种物资或叫"元气"，它本身有运动，这运动推动了整个宇宙万事万物的发展，气的积聚变成万物，后又分散，回归元气本身。这个古时中国人的元气的观点，到了今天，物理学家认为可能是物质，或者能量，又可能是场。那么对照辩证唯物主义的表述，"世界是物质的"，即气；"物质是运动的"，即"变易"；"运动是有规律的"，即"简易"；"规律是不以人的意志为转移的"，即"不易"。《周易》用如此简洁的语言，揭示了唯物辩证法的要义，言简意赅，易懂好记，真是既高明，更智慧。

2. 易学的思维方式

易学的思维方式，是随着易学的产生与发展相伴相行的。作为思维方式，是人类在社会实践活动中，运用某种思维形式，通过接受信息、储存信息、加工信息，以此来认识和把握客观事物的手段和方法。《周易》之所以成为群经之首，从根本上说，就是得益于它特有的思维方式。易学的思维方式，既是悠久古老的，更是历久弥新的，是中国人至今依然运用的思维方式。这种思维方式有多种表现，这里就三种较典型的思维做简要介绍。

（1）取象思维

可以说，《周易》的卦象是最典型、最直接地体现了取象思维方式。或者说，卦象本身是取象思维的产物。所谓取象思维，是以客观世界特定实物的物象为对象，运用认识、模拟客体的方式，使人由具体的事物领悟到抽象的事理的思维方式。《周易》最典型的形式与特点就是象，用意是取象。象的表现就是卦象；所谓卦象，就是模拟宇宙万物的物象以喻义。《周易·系辞上传》说："圣人立象以尽意。"之所以取象立象，是为了表达内心对世界的观照与领悟，并推论出深刻的义理。

《周易》通过卦象，把宇宙间、人世间的一切事物都纳入"象"之中，并寓予了众多内容以思想。六十四卦的卦象包容了自然界的日、月、星、辰，风、雨、雷、电，山、河、水、草、花、木、飞禽、走兽等自然与动植物；社会生活中的衣食住行、农耕、狩猎、商贸、战争、祭祀等；有关人生内容的生、老、病、死、婚、丧、嫁、娶等现象，真可谓"立象以尽意"。就如乾卦的六爻，取"龙"为象，从潜龙、见龙、惕龙、跃龙、飞龙到悔龙，这里记述"龙"的具体事物，不是单纯描绘龙隐龙现、龙跃龙飞，而是为了阐释与之相关的抽象事理，领悟六个过程在"龙"的不同时间、空间的状态，如何认知当时的处境和应对，启发人们去联想，去感悟事物发生、发展和衰亡的过程及其规律。

《周易》卦象的形成，直接体现了取象思维的运作过程。八卦本身源自对事物的观察，传说太古时期伏羲仰观天上日月星辰，俯首观察地形地貌，近取人体形象，远取万物之貌，从而用这些素材创作了八卦。八卦用于寓天下万物万事，均可配属，如比之用"以通神明之德，以类万物之情"，可说"乾，健也。坤，顺也。震，动也。巽，人也。坎，陷也。离，丽也。艮，止也。兑，说也。"读八卦"远取诸物"，此如动物马、牛、龙、鸡、豕、雉、狗、羊。而用八卦寓"近取诸身",则比如人身:首、腹、足、股、耳、目、手、口。《周易·系辞上传》说:"圣人有以见天下之赜,而拟诸其形容,象其物宜,是故谓之象。"圣人因为观察到天下万物所蕴藏的奥秘,从而以易卦来模仿它们的形状,象征万物的象,所以称之为"卦象"。正因为圣人看到天下万物变动不止,从而观察其中的会合变通之理,以推行治理社会的各种典法礼仪,并在卦爻之后配上文辞来推断吉凶,这便是"爻辞"。用易象来谈论天下之奥秘,议论天下复杂变动所内含的规律,从而来探测并采用合理的对策来推动促进万物与事件的发展变化。

作为取象思维,不仅表现在卦象上,还体现在象辞上。象辞就是以立象为门径,把极为抽象的卦的真实意蕴,用简短的语辞形象地表达出来,让人们更形象准确地把握《周易》的思想内涵。比如我们前面提到的既济卦与未济卦,简要的用"水在火上,既济",说明下面的火煮上面的水,水开可食用,说明事情容易成功。而"火在水上,未济",火在上,向上冒;水在下,向下流。水火不相交,干不成事,所以说"未济"。而这个问题如何处理?就是"君子以慎辨物居方",及关键是要辨别所处空间的方位位置,此因火与水所处的位置不当,若能火下水上,事情就可做成功了。又如蒙卦比较抽象难懂,它的卦象是下坎上艮,上面是山,下面是水。它的象辞是"山下出泉,蒙君子以果行育德。"这句辞是说山下流出泉水来，这就是蒙卦的卦象。涓涓细流，预示以后可汇成江河，以此比喻最初幼稚蒙昧的启蒙。而君子一定要不失时机地做好幼儿启蒙教育，合理开发其内在的明德，这样才能保证涓涓细流的泉水，终将汇流成长江大河。这个蒙稚时期，正确的启蒙引导与为人德行的灌输教育是至关重要的，对幼儿今后的人生均有长远的影响。

《周易·系辞下传》对卦象所象征的事物和现象做了精辟的归纳："是故易者，象也。象也者，像也。彖（通"断"字），材（假借"裁"字）也。爻也者，效天下之动者也。"可见所谓《易》就是卦象，而卦象是模拟、想象出来的，是一种象征。卦象中的卦辞爻辞，作为断语，就是裁断、判断。所谓爻，就是仿效天下万物的运动变化。上述模拟、象征、裁断、判断、仿效等用语，就是针对特定的卦象展开联想、设想、构思、预测、断想，甚至不排除奇思异想，进而得出符合易道而又力求切合实际的见解。

作为取象思维，重在想象，要展开想象，首先必须明象。因此，学习了解《周易》，第一步不是死读经文，而是熟悉卦象。要熟悉卦象，先对以乾坤为纲的八卦了解它们的形态和象征性意义，再延至六十四卦，联系"经"的断语，"传"的解释，对丰富多彩的卦象展开自由自在的想象。在这个过程中，关键是必须把一卦读透，若能把乾卦六爻烂熟于胸，融会贯通，才能真正懂卦象。随后以此推衍，对各个六十四卦作解析。其中，对各卦从卦序到有相邻或对应的两个卦关联想象研习，可以达到同气相投、阴阳变易、物极必反等灵感的收获。

展开想象是一种认识活动，它有一个不断深化的过程。三国魏著名易学家王弼对这种认识活动提出两个步骤：第一步是"得象"；第二步是"得意"。所谓"得象"，不是获得卦体的具体形象，而是获得卦体内涵着的抽象。所谓"得意"，不是获得一般的意念，而是获得真切的道理，即由想象产生的感悟，是一种深化的领悟，有一种新的理解和收获，成为内心认可的笃信。在这里，想是基础，悟是成果，而看似简单的卦象，则是认识活动借以推进的前提。卦象虽有明确固定的形体，却可以随着人的想象、推测而变化万千，生化无穷。作为同一个卦象，你可以这么想，他可以那么想，由此生发出无穷无尽的新意。随着时间的推迟，年代的发展，人们运用貌若千古不变、实则千变万化的卦象，可以开拓它在新时代演变的无穷生机。面对卦象，我们可以随意想象，但不是无根据的胡思乱想，一切想象源于卦象，这才是正确的取象思维。

（2）整体思维

整体思维是易学的一种重要思维方式。所谓整体思维，是从事物关联的整体出发，运用整体概念，从事物相互联系和相互影响的角度去认识和把握事物的思维方式。在《周易》的整体思维构架中，宇宙是一个整体，是一个大系统，是包含了天、地、人"三才"乃至万物的大系统，据此《周易》提出了"天人合一"的整体思维方式。所谓"天人合一"，就是人类与自然界之间有相互联系、不可分割、协调统一的关系，人类与自然界是一个相互联系影响的有机整体。正如《周易·序卦传》所说："有天地，然后有万物；有万物，然后有男女。"天地生万物，再生人，人理应顺应自然，天地人三者和谐共存，相互协调，故《周易·文言传》又说："夫大人者，与天地合其德。"人与天地合其德，就是人类必须遵循自然规律，才能达到"天人合一"的境界。

《周易·系辞下传》说："易之为书也，广大悉备：有天道焉，有人道焉，有地道焉。兼三才而两之，故六。六者非它也，三才之道也。"作为《易》来说，它万物皆包。它们相互又成一个整体，天地人是宇宙的三个组成部分，三者中人处于天地之间，与天地融为一体，天道、地道影响人道，人道反作用于天道、地道。因此，人在自然面前不是消极被动的，人从自然中探索并认识天地万物变动的奥秘，探明其内在规律，进而运用规律，利用自然，奋发有为，遵照"天行健"，故"君子自强不息"，人如天一般奋力进取，从而实现"天人合一"的整体思维方式的功效。

在《周易》这个大系统中，有两个爻象，即阴爻与阳爻，两个爻象排列而成八卦，八卦代表构成天地万物的八种元素，从而形成宇宙初始的有序整体，这是《周易》包含的一个重要的整体自然观，也是《周易》整体思维最本原的体现。由八卦演绎成六十四卦后，构成了一个包罗天、地、人、事、物等的完整的宇宙世界。《周易》六十四卦，每卦由六爻组成，上面两爻代表天，下面两爻代表地，中间两爻代表人，这是象征天地人并存的一个整体，就是"天人合一"的宇宙模式，其中天有天之道，地有地之道，人有人之道。《周易·说卦传》指出："立天之道曰阴与阳，立地之道曰柔与刚，立人之道曰仁与义。"天地人三者既各有其道，又相互关联，而人居天、地、人三才之道之中，人的地位十分重要，其必须与天地共存共生，协调好，就是"天人合一"，协调不好，充满凶险，此便是吉凶。如今世界的环境污染、气候变化、自然灾害频发、生态失衡等都是大自然对人类短视利益行为的惩罚。天人合一的整体思维就是告诫人们必须遵循自然法则，做到人和自然和谐共生。在企业经营、金融投资、人生旅途中，中国人最擅长运用的整体思维就是把握天时、地利、人和，三者关系处理好了，万事皆成。

在易学整体思维中，由天、地、人三才决定的天人合一的思维方式，显示了整体思维的系统性特征。另有一种宇宙全息思维，是由整体思维只要知其一，就能由此而知全体，这显示了整体思维的全息性特征。所谓宇宙全息，它的基本原理是任何一部分都包含着整体的全部信息。在宇宙的一个整体系统中，各部分之间不是孤立的，而是全息关联的。各部分与系统、系统与宇宙之间在物质、时空、能量、精神等领域信息对应。通俗地说，人体自身各个部位之间，人与人之间，人与环境之间，人与宇宙自然之间，都有着一种信息相互对应的关系，或类似天人感应。《周易》认为，宇宙万事万物都是有联系的，宇宙间不存在独立的事物。事物间不但有关联，更是有内在规律的。作为宇宙全息思维，它也是天人合一思维的另一种表现形式。近些年风靡全球的生物克隆技术，即是根据宇宙全息论指导的一项发明。其原理是，动物身体内所有器官的信息，其中任何某一器官都包含了整个动物的信息，因此，仅从动物的一个或一群细胞入手，便可以再繁殖出这个动物。这种克隆技术，运用的就是宇宙全息论。由此，对照《周易》的卦象的卦爻辞法，它们在预测运用中，无论世间万物，大到宇宙，小到一个细胞，它们的信息都是全息对应的。犹如一个乾卦，它的信息可与各类相连相通，可比喻自然为天、喻属性为健、喻人为父、喻性别为男、喻动物为马、喻人体为首等。

在六十四卦的卦序排列中，它也呈现整体思维的有序性。从乾卦开始到未济卦，是以有序的运动为其内在机制，排列成一个首尾相连的大圆圈，体现了大自然的运行由潜藏酝酿生机、逐步萌芽生长，到奋发苗壮、迎来欣欣向荣，又经历各种艰难、到达开花结果的鼎盛时期，最终由盛而衰，返回原始，再重新开始，循环往复，以至于无穷，这正是《周易》整体思维的形象呈现。

（3）中和思维

《周易》的核心思想是"变易"，万事万物皆变，阴阳对立又互变，阴极转向阳，阳极转向阴，如此循环不已。生存于世，面对变易，我们如何实现天地人的和谐共生？那就是要运用易学的中和思维。

中华民族文化特别强调"中"，在《周易》中，这个"中"字多次出现，它既是指空间，又指时间，强调"居中""中正"等。《周易》中的屯卦六三爻说："即鹿无虞，惟入于林中。"这里的"林中"，是指方位居中的森林之中。又如讼卦卦辞："中吉，终凶。"这里的"中"，是指时间过程不在起始，也不在最后，而处于中间阶段。还有泰卦九二："朋亡，得常于中行。"朋，指朋党；亡，指没有。朋亡，指没有结朋党的私心，如此便符合行为准则的中正之道。王弼对此爻的注释是："无私无偏，存乎光大，故曰朋亡也。如此，乃可以得尚于中行。"可见，《周易》所说的中，是空间的方位之中，时间的过程之中，为人处世的中道。从地位上是指身居要津；从行为准则上是指中正之道。作为中，即可理解为中正、平衡、不偏不倚。

《周易》中提到"和"字的也不少。兑卦初九："和兑，吉。"所谓"和"，是指和谐、和睦、和气、和平、和顺、和悦、调和、温和等。所谓"兑"，是指喜悦，心悦。《周易·小象传》解释道："和兑之吉，行未疑也。"意思是和谐相处，行为得体，没有猜疑，便为吉祥。和兑又包含没有私心，中正公平。"和"还可理解为阴阳调和。另外，在《周易·系辞下传》有"履，以和行"；《周易·说卦传》讲"和顺于道德"；《周易·文言传》说"利者，义之和也"。咸卦象辞指出："天地感而万物化生，圣人感人心而天下和平。"

"中和"一词，没有在《周易》中出现。春秋战国时，儒家为适合国家大一统需要，连结"中""和"提出中和思维。在《中庸》第一章指出："喜怒哀乐之未发，谓之中；发而皆中节，谓之和。中也者，天下之大本也；和也者，天下之达道也。致中和，天地位焉，万物育焉。"此处对中与和的地位誉之甚高，称中是天下大本，和为天下达道。朱熹对此的注释是："喜怒哀乐，情也。其未发，则性也，无所偏倚，故谓之中。发皆中节，情之正也，无所乖戾，故谓之和。大本者，天命之性，天下之理皆由此出，道之体也。达道者，循性之谓，天下古今之所共由，道之用也。"这是对中和之道的阐释和赞颂，以"中"为道体、"和"为道用的中和道体观，说明"中和"乃是儒道的灵魂。"中和"体现在天地万物之中，显隐在性情、道理之中。

由上推义，所谓中和思维，就是在观察、分析、研究和处理问题时，注重事物本身及发展过程中各种矛盾关系的和谐、平衡状态，运用实施中和思维，在《周易》中有不少实例。比如《周易·系辞上传》说："圣人设卦观象，系辞焉而明吉凶，刚柔相推而生变化。"此中"刚柔相推"衍生出成语"刚柔并济"，意即刚强的与柔顺的事物互相调和补充，或以强硬与柔软的手段交替运用，使之恰到好处地达到效果，这是求和并达到和解的目的。

乾卦的上九爻辞"亢龙有悔"，是说龙飞至高位极限，处于已不能再上升，又不好下降的两难之地，以致后悔，由此必然物极必反，由盛而衰，强调不能走极端，做事留有余地，而要秉持"中"的适度之意。

节卦的卦辞，可以说客观上把中和思维之精髓讲得形象生动，简明清晰。其卦辞是"节，亨。苦节，不可贞"。节卦☵是下兑上坎，兑为泽，坎为水。下面是泽，上面是水，故水在泽上。水太少泽有干涸的危险，太过又会满溢泛滥。唯有加以节制，泽中的水才能充沛而不满溢，所以称"节"。《周易·杂卦传》说："节，止也。"节制了，才能"亨"。但节制必须要有限制，过度地节制，就要吃苦，亦即"苦节"。固守苦节，会使一切停滞下来，因此，切不可把过度的苦制当作守常的法则，所以说"不可贞"。因此，要具备中正的德性，能够节而又制，畅通无阻，这就是"当位以节，中正以通"。天地的运行有节制，四季才能井然有序，循环往复，此为"天地节而四时成"。《周易·大象传》强调"君子以制数度，议德行"，所以无论国家或企业必须为此订立典章制度和礼仪法度，来规范人的行为。比如在未济卦中，《周易·小象传》说上九爻的"饮酒、濡首、亦不知节也"，指饮酒过量后，头部都沾湿了，真是沉湎过度，不知节制。而未济卦的六五爻说"贞吉，无悔。君子之光，有孚，吉"，肯定坚守正道才能吉祥，不会悔恨。这就是君子的光辉，其心怀诚信，必然吉祥。

《周易》每一卦有六条爻，按照爻位理论，每卦六爻分为内卦（下卦）和外卦（上卦）各三条爻。其中第二、第五爻分别位于内外卦的中位。因此，二、五爻被称为"得中"，如果二、五爻是阳爻居阳位，阴爻居阴位，即为"中正""得正"。《周易》的各个卦爻中，凡是得中得正者，基本都属于吉祥吉利的一类。如乾卦的九五爻辞是"飞龙在天，利见大人"、坤卦的六二爻辞是"直方大，不习，无不利"，此两爻均居中位，又是阳爻居阳位，阴爻居阴位，故爻辞吉利。

我们再从先天八卦图的排列位置来看，八卦分为四组，两两相对。《周易·说卦传》指出："天地定位，山泽通气，雷风相薄，水火不相射。"天在上、地在下确定了乾、坤两卦的位置，高山与平泽使艮、兑两卦的气息互相融通，雷动风随让震、巽两卦互相搏击震荡，水花与火焰令坎、离两卦不互相溅射。正是八卦之间这样交错关联，又相互对应，便生成了六十四卦。韩国人正是借用其中最重要的乾坤与水火四个卦，以天地日（火）月（水），设计成了他们太极四卦图样的国旗。

八卦图的两两相对，是表明相对应的两个卦，既是对立的，又在一个整体中，处于平衡和谐的状态。两两相对的卦，不仅互为阴阳，如乾（天）为阳、坤（地）为阴；艮（山）为阳、兑（泽）为阴，特别是互为相对的两个卦属于两个极端，天与地相对，水与火相对。但它们统一在一个系统中，互相调和平衡，代表世间万物的生存状态。

中和思维，在《论语·子罕》中记载孔子就农夫所提的问题时说："我叩其两端而竭焉。"意思是孔子从首尾两头反过来叩问农夫，一步步问到穷竭处，问题就不解自明了。朱熹对此句作注解释："叩，发问也。两端，犹言两头。言终始、本末、上下、精粗，无所不尽。"所谓"叩其两端"，就是要从源头、结果两方面看问题，从全方位、全面的看问题，就能发现其中的问题。这是两点论，不是就事论事，可以避免片面。由于中和是执其两端，用其中看待事物，可避免偏执、死板、僵化、保守。由于中和蕴涵深厚、丰赡，加之包容性强，回旋余地宽广，故可活泼自在，适宜而为。

中和思维，正是在万物变易的宇宙中、世界上，有自己安然适宜的地位的思维方式，它在变易中平衡诸多因素，有自我的定力和驾驭顺应自然的趋势，不断做到"致中和，天地位焉，万物育焉"。中和是在变易中的一种不断追求，即使达到某种中和，又会变得不中和，还要继续不断让它中和，"致中和"，则天地各归其位，天地间的万物不断生育繁盛，充满生机，这就是中和的功德。

易学的思维方式，除了取象思维、整体思维和中和思维外，还有诸如循环思维、象数思维、模糊思维、权变思维等，它们都是从某些要素或角度展开的思维方式，各有特色。

3. 易学的人生境界

易学是门大学问，它历史悠长，气魄恢弘，包罗万象。它又言简意赅，奥妙艰深，可谓仁者见仁、智者见智，多姿多彩，气象万千。易学所阐明的阴阳变化更新之道，其道至真，其理至精，而又大道至简。对《周易》的学习和运用，可以提升人生境界。

（1）谦恭的德行

天地阴阳，居于天阳和地阴之间的人，得阴阳二气的冲和，成为天地之间万物中之最灵，形成天地人三者的关系。

在天地人三者的关系中，是人得天地阴阳之气而生，失天地阴阳之气而灭。人在天地之间如何生长发展，生生不息？就是要与天地四时相合，即孔子提出的人生境界。

孔子在乾卦的《周易·文言传》内，特意讲了一段话："夫大人者，与天地合其德，与日月合其明，与四时合其序，与鬼神合其吉凶。"何谓"大人"，是品行高尚的人，德高望重的人。什么是天地之德？乾为天、坤为地，各居其位。天以先天元气赋予万物以生命力和能量。孔子称这是天命，亦谓之性，是天赋予物有物性，人有人性，谓之天性，或为人处世之良心。地则以后天的物质赋予万物形质、身体或称躯壳，亦谓命。因乾使"万物资始"，坤使"万物资生"，故天地为万物之始，万物都由天地孕育而生，故此天地即是万物之父母，"有天然后有万物"（《周易·序卦传》），所以，孔子赞叹说："天地之大德曰生。"（《周易·系辞下传》）天地之德就是生育万物，"与天地合其德"，就是具有如天地化育承载万物一样的品德，造福人类，自强不息，厚德载物，以德育民。

坤卦《周易·大象传》说的"君子以厚德载物"，为什么说"厚德"，不说多德？每年冬天下雪，只要下了大雪，又符合时辰，那来年一定大丰收，这叫"瑞雪兆丰年"。这种"一定"，不是算命，而是必然。瑞雪一定是大雪，大雪积大地一定"厚"，是厚雪。它带来大丰收，就是德，所以是"厚德"，厚德才能载物。

"与日月合其明"，是指具有与日月普照大地一样明亮的光辉，既有自知之明，又能洞察阴阳，处事接物待人，内心真诚坦白，一如日月光明磊落，真心可鉴。"与四时合其序"，就是他的进退像四季更替一样井然有序，知时达变，守命待时，观天之道，与天同行。当进则进，当退则退，按序而动。"与鬼神合其吉凶"，古人把鬼神视如神灵，神在天，鬼在地，认为鬼神具有对人间赏善罚恶之德。作为天的意志，鬼神有一种力量来影响决断人的吉凶祸福。比如《周易·文言传》在坤卦注释中说的"积善之家，必有余庆，积不善之家，必有余殃。"另有民间传说"善有善报，恶有恶报。不是不报，时辰未到。时辰一到，一切都报""善恶若无报，乾坤莫有私"等。凡为人心存仁厚，喜做善事，就吉祥幸福。可见作为有德行善之人，他的吉凶会像鬼神安排吉凶之事一样契合。以上四句，最重要的是与天地合德，这是人的境界的根本。

孔子解释乾卦初九爻的《周易·文言传》中强调君子的德，他说："君子以成德为行，日可见之行也。"他认为君子以成就德行作为自己的行为准则，必须要施展自己的才华，这种行为准则是以日常言行之中可以显见的行为做标准。但在时间上需要"潜"时，必须藏而不露，因为此时自己的道德修养尚未同样对待生之德，老子在《道德经》中指出："故道生之，德蓄之。长之育之，亭之毒之，养之覆之。生而不有，为而不恃，长而不宰。是谓玄德。"天地生育万物，以其德蓄养万物，使万物成长、培育，使万物安宁、成熟，使万物滋养、维持。生养万物而不据为己有，成就万物而不自持己功，长养万物而不加以主宰，这就是玄妙的"德"。这种德行和胸襟，可颂之为"大德"。老子认为的德是"玄德"，玄为黑，引为不张扬，自己有德而不去张显，这是高尚的德，有德而不炫耀，不让人知道。正如天地有德生万物，总是默默生育而不张扬，万物自知。尤其是老子对"德"还作了区分，《道德经》第三十八章提出上德与下德："上德不德，是以有德。下德不失德，是以无德。""上德"是指最高尚的有德行的人，他并不刻意追求德，不是为了表现证明自己是有德行去做事，而是成了他每天自然要做的普通的事一样，这才是真正有高尚德行的人。下德的人不愿失去德，他主观上是做德行，客观上也做善事，也不错，他要表现自己有德，实际上还没达到高尚的德，不是上德，就此而言，反而不是真正的德了。"上德"就同于"玄德"，不让人看到德，它既是道家的"无"，又是佛家的"空"，是老子的一种无上的人生境界。

老子对"德"的诠释，在《周易》六十四卦中的"谦卦"也有对应。六十四卦中没有最吉利也没有最凶险的卦，不同的环境、时辰中卦象喻示的吉凶会不同，这是《周易》的辩证思维。不过也有一个特殊的卦，它的卦辞和六爻辞都是吉，这就是谦卦。除了谦卦外，其余六十三卦的卦爻辞有悔有吝，有咎有厉，有吉有凶。

谦卦的卦辞是"谦，亨。君子有终"。谦是谦虚、谦逊、谦恭、谦让之意。谦卦䷠下艮上坤，艮为山，坤为地，地在上，山在下，山处于地的下面。山体高大，但在地下，内高而外低，所以呈下谦之象。《周易·序卦传》说："有大者不可以盈，故受之以谦。"凡成为大者不可再盈，故形体高大的山，下隐在大地之内，不突显自己，表现自己，整个卦象象征一个人内心谦恭，外表柔顺（坤为顺），是何等的谦卑放下，正体现了老子"上德"的崇高情怀。保持谦虚，则诸事亨通顺利，一定有好的结局，"君子有终"。

《周易·象传》在评注谦卦时，从天道、地道、人道来分析，认为天道的运行规律是"下济而光明"，"亏盈而益谦"，天虽高而不自以为高，却往下与地相交以彰显光明，虽盈而不自以为盈，而是损盈满以补益不足，这就是谦而致亨，谦而有终。一个人越是自视卑下，别人就会越尊重他；越是虚怀若谷，德行就越光辉，这就是亨通之道，是君子所应终生奉行的美德。

就地道而言，它是"卑而上行"，不是居高临下的气势，而是谦卑地由下而上，是地气向上升腾，与天气相交；庄稼向上生长，地道卑厚生机上升。它是"变盈而流谦"，变动满盈的而流入谦下的。这与老子所讲的"损有余而补不足"

同理。

　　作为人道,"恶盈而好谦",人是厌恶盈满即自满而爱好谦虚,以谦逊为美德。"谦,尊有光,卑而不可逾,君子之终也。"有谦虚美德的人,是受人敬重而处于尊位,其道德至为光大;处于卑下时,其品行也不可以逾越规矩,这才是君子在学问、德行上善始善终的好结局。

　　从谦卦来看,做人要做"谦谦君子",要谦虚谨慎,品德高尚,有德而不自彰,有功而不自居,严于律己,宽以待人。可以说,退让一步是谦,不傲慢无礼是谦,尊重他人是谦,知书达理是谦。只有做到这些,才能达到完人的美满境界。

　　（2）宽广的眼界

　　世界日新月异。当今世界,高科技、新能源、数字化、人工智能、绿色低碳、人类登上月球、探测火星、中国建造宇宙空间站……许多古人的梦想,正在实现。面对层出不穷的新生事物,我们要以变化的眼光去看待。

　　一个人的人生境界,包含他看世界的眼界。眼界不是指看到事物的多少,它包含万物发展的趋势,对事物发展因果的见识的广度、深度、洞察度。眼界广者其成就必大,眼界狭者其作为必小。所谓眼界不是只用眼看,眼看总有局限,看的是"见",见的是实物。眼的目力是有限的。古人更强调眼观六路,眼要观。只看,是顾不到六路的,观,才能全覆盖。观是由上往下，故如日月能观照。看是用眼，观是用心，观世音更是能"观"世界的声音。

要理解"观"的眼界，六十四卦中有一个观卦。观卦䷓下坤上巽，坤为地，巽为风，大地上刮着风，象征观察。观卦的卦辞是"观，盥而不荐，有孚颙若。"观是观示、景仰的意思。此卦是风行大地，普遍与万物接触，需要以中正而临观天下，是广为观示之象。《周易·序卦传》说："临者大也。物大然后可观，故受之以观。"古人的祭祀仪式"盥而不荐"，祭祀仪式隆重而程序多，但不过度强调牲品的丰厚，注重虔诚肃静的心意，即"有孚颙若"。《周易·彖传》对观卦的解释是观卦总体上呈现阴长阳消的趋势。其中九五爻为全卦的主爻，为阳爻居阳位，在至尊的君位，是"大观在上"。它既中又正，可以道义"观天下"。君主以虔诚肃静之心主持盥礼，并以这样的心态观察天道至为神妙的运行法则，体察民俗民情，以潜移默化的作用化民成俗，天下人必然心悦诚服。

观卦的六条爻从不同层次阐述"观"的不同境界。初六爻辞是"童观，小人无咎，君子吝。"初六以阴柔之质居最下位，向上观，离九五最远，从这个角度来观察国家大事，只能形成极为幼稚的童蒙之见，所以称"童观"。小人本无大志，目光短浅，这种童蒙之见无需苛责，即"小人无咎"。但君子肩负重任，要有所作为，必须从长远和全局的高度，以宽广的眼界和淡然的心态来体悟世界，目光远大，心量宽广，做人才会越有境界。六二爻是以阴爻居阴位，又是内卦居中，是女子静居闺中，自守贞洁，故"利女贞"。但她在闺中，是"窥观"，不能见到大观的景象，对于外出要办大事的男子来说，从小孔或门缝、窗口看外面的世界，莫免眼界狭窄。六三爻处于下卦坤地之上，所以要观察民众的作为，大地上的气象。因它上接巽卦为风，又处人位，上下之间，须有进退考虑。此时把握进退之道至关重要，进时要推进改革创新，退时不乱心绪，适当收缩，否则很难有所作为。到六四爻是"观国之光，利用宾于王。"六四阴爻居阴位，当位得正，又临近九五君位，此时利进不利退。它在上巽卦内，巽为顺而居九五之下，可以观察到国家大政的光辉，所以六四爻辞说"观国之光"。它还说"利用宾于王"。古时入朝做官称之"宾"。得逢盛世，六四位当然要出来从政，为国为民服务，竭诚辅佐君王治天下。此处对"观"的眼界更寓有新意，眼界不仅指观天下自然万物，更能观人，能察人。古代做臣子的要择主而仕，如姜太公选择周文王，诸葛亮选择刘备。作为君主，更必须具有鉴别人才的眼力和力排众议启用英才的魄力。身居高位者，其人生境界不仅要有德才，更要有慧眼，慧眼识英雄，才能成就事业的壮大与成功。无论是领袖、领导还是企业家，发现人才、鉴别人才，独具慧眼，需是大境界。

观卦的九五爻辞是"观我生，君子无咎。"身处九五的
君子眼光，已由向外观转为向内观，观察自我，进行自我反
省，即"观我生"。对此，《周易·小象传》说："'观我生'，
观民也。"《周易·系辞上传》也说："明于天之道，察于民
之故。"这种自我反省，是依据考察民生，以民众的吉凶为
吉凶，以民众的忧患为忧患，反躬自省，引咎自责，改过自
新，完善自我来自我观照，如此，"君主无咎"，就不会有过
错或灾殃。而作为上九爻辞是"观其生，君子无咎"。上九
爻以阳刚之德居于卦之上位，没有实权，却有尊位，为了成
为道德至尊，所以在九五"观我生"的基础上"观其生"，
一方面观察九五的行为是否失当，同时也观察自己的行为是
否得体。这种两相观望，是一种胸怀大志、心忧天下的君
子心态，不会有咎害。此爻的《周易·小象传》说："'观其
生'，志未平也。"身已退位，却心忧国家长治久安，始终有
一种忧患意识。这种"志未平"，怀有心忧天下的家国情怀，
是"先天下之忧而忧，后天下之乐而乐"的高尚情操。

由观卦可以联想，"观"是一种眼界，它不只是有眼光，
更是有慧眼，有洞察力，它需要成为一种境界。境界作为眼
界，具有一定的视野，要有眼光。眼光必须能敏锐发现，视
野需要全局在胸，洞察力是能够判断趋势未来。在迅速变易
的世界、不断变化的时局中，要发现生机，洞察凶险，必须
关注时空交集。凡是交集的地方，才会有生机，是万物生生

不息的原点。《周易》最起始的原点是"爻"的符号。爻是由"乂"组成，两个笔划组成一阴一阳的交集；而上下两个"乂"组成的爻，又是一阴一阳在一起组合，不断表现"一阴一阳之为道"的内容。每一条爻，它的爻题既代表时间定位，又代表空间定位，还代表是阴或是阳，这都是交集。阴阳相交集，如泰卦的下乾上坤，天地相交，就是泰吉，就能生。在此联想到无论是国家、企业或个人的投资，均要找交集的地方，交集的地方就有生意，就是聚财的地方，是财富的汇集处，是对投资带来赢利、最有效益的地方。但已有的聚集已在生财，聚后会衰，会散，要不断寻找最有生命力的新的交集，这就是眼光，就是视野，它能发现新的投资趋势。

所谓趋势，是"势"的动向，势是气的交集与汇聚，汇聚了气形成肉眼看不到的"势"，这种"势"是内含而不外现，叫"蓄势"，在一定条件下会蓄势待发。有各种力量、能量，会促进势的聚集，就在聚势。势的聚集的运动，有一定的方向，便成趋势。对趋势的预测和发现，要有经历、经验的积累，有全局的眼光，并有突然的灵感联想，感悟出可能的趋势，再做出超越常人胆略的猜想，进行决策，来采取投资的行动，并让时间来考验。这里的猜想，有时就是灵光一闪，或是不断地积累各种信息，各种跨界的关联的思考，在脑海中驱之不去，带来日有所思，夜有所想，甚至作为看趋势的依据，预测其实总有轨迹可循。在改革开放中，由农村改革走向城市改革，是交集的转移变化，这里就隐含着投资趋势。因为城市改革发展中，大量农民工进城，有投资眼光的企业家、各类高科技人才就会涌向最活跃，最发达的地区和城市。外国的金融、银行、跨国公司也会蜂拥而至，他们需要办公楼、住所，必然造成房地产行业的兴旺发达，带动各类消费场所、品牌生活用品、娱乐场所落地，引领时尚消费，这些都是投资热点。投资看趋势，是胸有全局，有发现的灵感。只有在时机、环境及自身能力都适合的时候，或在长久耐心等待后，不失时机采取行动才会成功。就像狮子捕猎，只有在最佳时机才会从草丛中跳出来。看趋势要关注、预测时空的变化，比如艺术品投资，同样一幅名人字画，在20世纪70年代可能价格很低，不被看好，到21世纪却变得价值连城。同样一幅名人字画在上海拍卖，可能价格几十万，到香港拍卖上百万，到国际拍卖市场可能上千万。时间地点不同、价格不同，把握时空的变化非常重要。

投资要投到有增长价值的地方，选什么地区，什么行业，以哪一种投资方式实施，都要做趋势性预测和决策，这需要有广大的眼界，具有洞察力、随意联想、突发灵感和内心的定力。

（3）玉润的襟怀

易学的人生境界，要有玉润般的襟怀。做人心地坦白，襟怀坦荡，胸襟开阔。待人接物温润如玉，纯洁和善，心润万物，成为一名谦谦君子。《周易》的六十四卦，从开头的乾、坤两卦，到最后的既济、未济两卦，引导我们从个人的角度如乾卦自强不息，奋斗成长；到对待社会与他人如坤卦厚德载物，奉献自己的全部才华。此后的师卦"君子以容民畜众"，收纳包容，养育民众。小畜卦"君子以懿文德"，弘扬文明的美德。大有卦"君子以遏恶扬善，顺天休命"，抑恶扬善，顺应上天赋予的美好使命。临卦"君子以教思无穷，容保民无疆"。大畜卦"君子以多识前言往行，以畜其德"，多多学习前人的善言德行，来培养自己的德行。困卦"君子以致命遂志"，不惜生命以实现志向。震卦"君子以恐惧修省"，有所恐惧自戒，反省自己。直到既济卦"君子以思患而豫防之"，考虑将有的祸患，防患于未然，居安思危。以上列举，从不同角度说明君子必须具备的品行和胸襟。

　　易学的智慧，它使人在天地之间不断体味感悟"一阴一阳之谓道"的自然万物的变化规律，从而实现人格的升华，拥有君子的自强担当、厚德包容、谦逊反省、中正和顺，形成君子的道德修养，志向胸怀。《周易》善于运用前人的善言德行与案例来提升和熏陶人的心灵。在北京故宫有一个院落，是明清时代一国之君求取治国真谛和心灵传递的地方，那就是传心殿。那里供奉着华夏民族自上古以来最著名的十一位圣贤：伏羲、神农、轩辕、尧、舜、禹、汤、文、武、周公和孔子。《尚书·大舜谟》里记载，在舜传位给禹的时候，说了十六个字："人心惟危，道心惟微，惟精惟一，允执厥中。"这以心为主题的谆谆嘱咐，后来也成为中国文化中著名的十六字心传。"人心惟危，道心惟微"，人心是危险的，或是声色，或是名利，会因贪欲受到诱惑，沉溺于恶习。人心对此应该畏惧，小心谨慎，如履薄冰，有所敬畏。道心，是天地自然的心，圣人无常心，以百姓心为心。得道的心本与万物融为一体，彼此不分你我，这也便是亲民的内涵。"惟精惟一，允执厥中"，作为帝王，要特别精研、专一，把握这独一无二的真心，平心静气，言行符合不偏不离的中正之道，体悟这天人合一的境界。传心，传的就是十六字的警世恒言。一国之君，要与仙贤心念相合，更要与民众同胞情怀相遇，成就天下同生共长的事业，才可以成就王道。可见，最高的人生境界，是把握好自己，这颗心是严以律己之心，爱国爱民之心。具有纯真的爱心、善心，才是最高尚、最美妙的人生境界。

作为企业家、投资家，学习为王之道，易学之道，惟在其心。从事投资事业，与人生境界密切相关。我们投资项目的赢利点在哪里？一定是国家社会和他人的需求。凡投资的价值，遵行利于天下的价值，则必然会带来更多的价值。有些事业长期得不到发展，看似无利之地，比如16世纪航海业的发展，改变了世界；又如某地通了公路、铁路，沿途便会生利。投资带来的地方发展、国家繁荣，带来个人财富的增长，甚至改变了人们的生活方式和习惯，这是天下大利。而这个过程的本身，企业经营的投资项目让个人、社会、国家获利，为他人带来利益，这正是义举，在做利他人而义的事。何为义？给他人带来利，不想自己的利，结果双双都有利，这就是义利并举。只想为他人，为社会谋利，追求利益最大化，追求天下人的利益，符合阴阳之道规律的利益，是正确的利益观、投资观，这是一种境界。《周易·系辞上传》里就说"立成器以为天下利"，《周易·文言传》中也说"利物，足以和义"，这是有境界的义利观。

由乾卦的"健"带来自强不息，坤卦的"顺"带来厚德载物而生生不息，一切都是易学之道的生化繁衍，人心顺依自然而自在快乐，这便是美好的人生境界。

附录

易学之卦意略解

一、上经三十卦与卦意略解

乾卦第一
天道刚健
自强不息

卦象

卦辞·卦义

乾：元，亨，利，贞。

《彖》曰①：大哉乾元，万物资始，乃统天。云行雨施，品物流形。大明始终，六位时成，时乘六龙以御天。乾道变化，各正性命，保合大和，乃利贞。首出庶物，万国咸宁。

《象》曰②：天行健，君子以自强不息。

爻辞·爻义

初九：潜龙勿用。

《象》曰："潜龙勿用"，阳在下也。

九二：见龙在田，利见大人。

《象》曰："见龙在田"，德施普也。

九三：君子终日乾乾，夕惕若，厉无咎。

《象》曰："终日乾乾"，反复道也。

九四：或跃在渊，无咎。

《象》曰："或跃在渊"，进无咎也。

九五：飞龙在天，利见大人。

《象》曰："飞龙在天"，大人造也。

上九：亢龙有悔。

《象》曰："亢龙有悔"，盈不可久也。

用九：见群龙无首，吉。

---

① 《彖》随上下经分上下两篇，共六十四节，分释六十四卦卦名、卦辞及一卦大旨。彖（tuàn）：断定。
② 《象》亦随上下经分为上下两篇，阐释各卦的卦象及各爻的爻象。

《象》曰："用九"，天德不可为首也。

卦意略解

乾卦强调"天行健，君子以自强不息"，这是为了激励我们不断进取，随时采取积极行动。此外，乾卦还告诫我们，积极进取时不要盲目。如果你一开始不够强壮，先隐藏自己。此时，主要是不断提升自己，集中精力等待机会。当力量足够时，就更容易抓住机会。取得成功后，我们还要继续努力，不能自满，否则可能会遇到大的失败，被"打回原形"。始终保持积极的态度，成功会变得越来越稳定。

坤卦第二

地势坤顺
厚德载物

卦象

卦辞·卦义

坤：元，亨，利牝马之贞。君子有攸往，先迷；后得主，利。西南得朋，东北丧朋。安贞吉。

《彖》曰：至哉坤元，万物资生，乃顺承天。坤厚载物，德合无疆。含弘光大，品物咸亨。牝马地类，行地无疆，柔顺利贞。君子攸行，先迷失道，后顺得常。西南得朋，乃与类行。东北丧朋，乃终有庆。安贞之吉，应地无疆。

《象》曰：地势坤。君子以厚德载物。

爻辞·爻义

初六：履霜，坚冰至。

《象》曰："履霜坚冰"，阴始凝也，驯致其道，至坚冰也。

六二：直方大，不习，无不利。

《象》曰：六二之动，直以方也。"不习，无不利"，地道光也。

六三：含章，可贞，或从王事，无成有终。

《象》曰："含章可贞"，以时发也；"或从王事"，知光大也。

六四：括囊，无咎无誉。

《象》曰："括囊无咎"，慎不害也。

六五：黄裳，元吉。

《象》曰："黄裳元吉"，文在中也。

上六：龙战于野，其血玄黄。

《象》曰："战龙于野"，其道穷也。

用六：利永贞。

《象》曰：用六"永贞"，以大终也。

卦意略解

乾是天道刚健，坤则是地柔宽厚。坤卦要求君子效法大地之德，坤卦的精髓之一就是能"载物"。首先，"载物"要能分辨出这些"外物"值不值得载。其次，"载物"的时候要有实力、用巧力。处世要像大地一样耿直、端正、豁达，坚守正道、顺势而为。最后，要注意收敛，不要使自己处于危险的境地，像大地一样谦虚谨慎，你就能一路顺利地做事。在追求自身发展的同时，最好与他人共同发展。要善于取长补短，善于包容他人，使自己更加强大。

屯卦第三

起始维艰

蓄势待发

卦象

卦辞·卦义

屯：元亨，利贞。勿用有攸往。利建侯。

《彖》曰：屯，刚柔始交而难生。动乎险中，大亨贞。雷雨之动满盈，天造草昧。宜寻建侯而不宁。

《象》曰：云雷，屯。君子以经纶。

爻辞·爻义

初九：磐桓，利居贞，利建侯。

《象》曰：虽磐桓，志行正也。以贵下贱，大得民也。

六二：屯如邅如，乘马班如。匪寇婚媾。女子贞不字，十年乃字。

《象》曰：六二之难，乘刚也。十年乃字，反常也。

六三：即鹿无虞，惟入于林中，君子几不如舍，往吝。

《象》曰："即鹿无虞"，以从禽也。君子舍之，往吝穷也。

六四：乘马班如，求婚媾。往吉，无不利。

《象》曰：求而往，明也。

九五：屯其膏，小，贞吉；大贞凶。

《象》曰："屯其膏"，施未光也。

上六：乘马班如，泣血涟如。

《象》曰："泣血涟如"，何可长也。

卦意略解

乾坤一阳一阴，阴阳交汇，万物开始生长。接下来是屯，指的是植物和树木刚刚发芽时遇到的各种困难。幼苗刚刚破土，困难重重。我们需要坚持两大原则：一是要有坚韧不拔的毅力，二是要有所为有所不为，审时度势。总之，要实事求是地评估自己的实力，有计划、有步骤地解决困难。这样原本孱弱的幼苗才有可能成长成为一棵参天大树。

蒙卦第四

蒙以养正

笃行德育

卦象

卦辞·卦义

蒙：亨。匪我求童蒙，童蒙求我。初筮告，再三渎，渎则不告。利贞。

《彖》曰：蒙，山下有险，险而止，蒙。"蒙亨"，以亨行时中也。"匪我求童蒙，童蒙求我"，志应也。"初筮告"，以刚中也。"再三渎，渎则不告"，渎蒙也。蒙以养正，圣功也。

《象》曰：山下出泉，蒙。君子以果行育德。

爻辞·爻义

初六：发蒙，利用刑人，用说桎梏，以往吝。

《象》曰：利用刑人，以正法也。

九二：包蒙，吉。纳妇，吉。子克家。

《象》曰："子克家"，刚柔接也。

六三：勿用取女，见金夫，不有躬，无攸利。

《象》曰："勿用取女"，行不顺也。

六四：困蒙，吝。

《象》曰："困蒙之吝"，独远实也。

六五：童蒙，吉。

《象》曰："童蒙"之"吉"，顺以巽也。

上九：击蒙，不利为寇，利御寇。

《象》曰：利用御寇，上下顺也。

卦意略解

屯卦说万物生长初期会遇到困难，蒙卦则进一步说遇到困难是因为它蒙昧无知。那么如何去除这种蒙昧无知呢？关键在于开启心智，明白事理，事情就好做了。常言道小孩子一定要让他学知识、明事理，其实就是要开启他的心智，启蒙教育。有了一定的知识储备才能消除愚昧，具备一定的德行。

需卦第五

守正待机

磨炼耐心

卦象

卦辞·卦义

需：有孚，光亨。贞吉，利涉大川。

《彖》曰："需"，须也。险在前也，刚健而不陷，其义不困穷矣。"需，有孚，光亨，贞吉"，位乎天位，以正中也。"利涉大川"，往有功也。

《象》曰：云上于天，需。君子以饮食宴乐。

爻辞·爻义

初九：需于郊，利用恒，无咎。

《象》曰："需于郊"，不犯难行也。"利用恒无咎"，未失常也。

九二：需于沙，小有言，终吉。

《象》曰："需于沙"，衍在中也。虽有小言，以终吉也。

九三：需于泥，致寇至。

《象》曰："需于泥"，灾在外也。自我致寇，敬慎不败也。

六四：需于血，出自穴。

《象》曰："需于血"，顺以听也。

九五：需于酒食，贞吉。

《象》曰："酒食贞吉"，以中正也。

上六：入于穴，有不速之客三人来，敬之终吉。

《象》曰："不速之客来，敬之终吉"，虽不当位，未大失也。

卦意略解

解除蒙昧之后你就会知道你真正想要的是什么，然后就有了需求。需卦重点是说要获取自己所需求的东西，需要等待时机，就要秉持九字真言：有信心、有理智、有耐心。只有当你对自己的事业充满信心时，你才能前进，理性和智慧不会让你盲目，耐心使你不会因为不耐烦而降低你的价值，毁掉你的未来。对于刚刚创业或投资的人来说，要想自己的未来发展得很好，就要判断别人的投资，自信、理性、耐心（等待），敢于拒绝不适当的机会。

讼卦第六

慎争戒讼
预先谋事

卦象

卦辞·卦义

讼：有孚窒惕，中吉，终凶。利见大人，不利涉大川。

《彖》曰：讼，上刚下险，险而健，讼。"讼有孚窒惕，中吉"，刚来而得中也。"终凶"，讼不可成也。"利见大人"，尚中正也。"不利涉大川"，入于渊也。

《象》曰：天与水违行，讼。君子以作事谋始。

爻辞·爻义

初六：不永所事，小有言，终吉。

《象》曰："不永所事"，讼不可长也。虽"小有言"，其辩明也。

九二：不克讼，归而逋。其邑人三百户，无眚。

《象》曰："不克讼"，归逋窜也。自下讼上，患至掇也。

六三：食旧德，贞厉，终吉。或从王事，无成。

《象》曰："食旧德"，从上吉也。

九四：不克讼，复即命渝。安贞吉。

《象》曰："复即命渝"，安贞不失也。

九五：讼，元吉。

《象》曰："讼，元吉"以中正也。

上九：或锡之鞶带，终朝三褫之。

《象》曰：以讼受服，亦不足敬也。

卦意略解

"需"是事物发展需要的营养，而且是稀缺资源，所以在获得资源的过程中个体之间会产生矛盾，矛盾一开始都是以口舌之争的形式出现的，这也就是"讼"的局面。讼卦说，在做事之前要多考虑一下不同人的意愿和利益，防止不必要的争端产生，当争端不可避免或已经出现的时候就要尽快寻求公平、合理、有效、各方均能接受的解决方案。尽快消除矛盾，不要在口舌之争上浪费生命。消除讼不是说放弃权利和利益，而是强调沟通，通过沟通来消除人们情绪上的对抗。一旦大家感情上和解，互相信任，事情处理起来就会更加顺利。

师卦第七

行险而顺

正义出师

卦象

卦辞·卦义

师：贞丈人吉，无咎。

《彖》曰：师，众也。贞，正也。能以众正，可以王矣。刚中而应，行险而顺，以此毒天下，而民从之，吉又何咎矣。

《象》曰：地中有水，师。君子以容民畜众。

爻辞·爻义

初六：师出以律，否臧凶。

《象》曰："师出以律"，失律凶也。

九二：在师中吉，无咎，王三锡命。

《象》曰："在师中吉"，承天宠也。"王三锡命"，怀万邦也。

六三：师或舆尸，凶。

《象》曰：师或舆尸，大无功也。

六四：师左次，无咎。

《象》曰："左次无咎"，未失常也。

六五：田有禽。利执言，无咎。长子帅师，弟子舆尸，贞凶。

《象》曰："长子帅师"，以中行也。"弟子舆尸"，使不当也。

上六：大君有命，开国承家，小人勿用。

《象》曰："大君有命"，以正功也。"小人勿用"，必乱邦也。

卦意略解

《师》在《讼》后面，是说口舌之争要是没有得到解决，人们就会聚集起来争斗。这就好比跟别人有矛盾，先试着商量，商量不过来那就打一架。师卦就是告诉我们动刀动枪时怎么得胜。师卦讲用兵之道，这个兵道的精髓在于"正"，就是你的"军队"要是正义之师，你的统帅要是真正的雄才，这样你才能旗开得胜。

比卦第八

诚信团结

比肩而行

卦象

卦辞·卦义

比：吉。原筮，元永贞，无咎。不宁方来，后夫凶。

《彖》曰：比，吉也；比，辅也，下顺从也。"原筮，元永贞，无咎"，以刚中也。"不宁方来"，上下应也。"后夫凶"，其道穷也。

《象》曰：地上有水，比。先王以建万国，亲诸侯。

爻辞·爻义

初六：有孚比之，无咎。有孚盈缶，终来有它，吉。

《象》曰：《比》之初六，有它吉也。

六二：比之自内，贞吉。

《象》曰："比之自内"，不自失也。

六三：比之匪人。

《象》曰："比之匪人"，不亦伤乎？

六四：外比之，贞吉。

《象》曰：外比于贤，以从上也。

九五：显比，王用三驱，失前禽，邑人不诫，吉。

《象》曰："显比"之吉，位正中也。舍逆取顺，"失前禽"也。"邑人不诫"，上使中也。

上六：比之无首，凶。

《象》曰："比之无首"，无所终也。

卦意略解

《师》是指兴师动众、对抗外敌，《比》则指同心协力、追求团结。比卦就针对团结合作给出了相关指引。合作的关键在于找到好的合作伙伴。比卦说找合作伙伴时主要抓住一个精髓，即万事不可强求，守正即可。具体而言要做到三点：第一，合作之前，确保自己内部团结。第二，选择合适的合作对象，要挑那些有德的、能长久坚持正道的人。第三，挑中了对象就要立即行动，要是动作慢、示好晚，会让你的合作对象觉得你没有诚意，而给你们未来的合作带来潜在风险。

小畜卦第九

蓄养待进

厚积薄发

卦象

卦辞·卦义

小畜：亨。密云不雨。自我西郊。

《彖》曰："小畜"，柔得位而上下应之，曰小畜。健而巽，刚中而志行，乃亨。"密云不雨"，尚往也。"自我西郊"，施未行也。

《象》曰：风行天上，"小畜"。君子以懿文德。

爻辞·爻义

初九：复自道，何其咎？吉。

《象》曰："复自道"，其义"吉"也。

九二：牵复，吉。

《象》曰：牵复在中，亦不自失也。

九三：舆说辐。夫妻反目。

《象》曰："夫妻反目"，不能正室也。

六四：有孚，血去惕出，无咎。

《象》曰："有孚惕出"，上合志也。

九五：有孚挛如，富以其邻。

《象》曰："有孚挛如"，不独富也。

上九：既雨既处，尚德载。妇贞厉，月几望；君子征凶。

《象》曰："既雨既处"，德积载也。"君子征凶"，有所疑也。

卦意略解

小畜的畜是"蓄"的通假字。此卦讲团结，团结了之后就会有积蓄。《小畜》说的就是有了点小积蓄的状态，有小积蓄之后该怎么做事情是小畜卦关心的问题。

《小畜》强调了一点，就是你这时是小有所成，其实还没到办大事的时候。做事要秉持以小博大、积小成大的艺术。这时候坚持一个"诚"字，用诚来做事、来交往，待到时机到了，大事业自然水到渠成。

履卦第十

脚踏实地

履行天下

卦象

卦辞·卦义

履：履虎尾，不咥人。亨。

《彖》曰："履"，柔履刚也。说而应乎乾，是以"履虎尾，不咥人"。亨，刚中正，履帝位而不疚，光明也。

《象》曰：上天下泽，"履"。君子以辩上下，定民志。

爻辞·爻义

初九：素履往，无咎。

《象》曰："素履之往"，独行愿也。

九二：履道坦坦，幽人贞吉。

《象》曰："幽人贞吉"，中不自乱也。

六三：眇能视，跛能履，履虎尾，咥人，凶。武人为于大君。

《象》曰："眇能视"，不足以有明也。"跛能履"，不足以与行也。"咥人之凶"，位不当也。"武人为于大君"，志刚也。

九四：履虎尾，愬愬，终吉。

《象》曰："愬愬终吉"，志行也。

九五：夬履，贞厉。

《象》曰："夬履贞厉"，位正当也。

上九：视履考祥，其旋元吉。

《象》曰：元吉在上，大有庆也。

卦意略解

有了小积蓄，就会产生分配问题。涉及利益分配难免就会乱，所以《小畜》之后是《履》。《履》讲的则是在争夺利益的乱象中应该如何自处的问题。

履卦的一个核心是强调和顺守礼，在争的时候要谨慎。一边强化自身修养，一边完善自己的实力。不急躁不冒进，事情就会顺利。

泰卦第十一

三阳开泰
上下互通

卦象

卦辞·卦义

泰：小往大来，吉，亨。

《彖》曰："泰，小往大来，吉，亨。"则是天地交而万物通也，上下交而其志同也。内阳而外阴，内健而外顺，内君子而外小人，君子道长，小人道消也。

《象》曰：天地交，泰。后以财成天地之道，辅相天地之宜，以左右民。

爻辞·爻义

初九：拔茅茹，以其汇。征吉。

《象》曰："拔茅征吉"，志在外也。

九二：包荒，用冯河，不遐遗。朋亡，得尚于中行。

《象》曰："包荒，得尚于中行"，以光大也。

九三：无平不陂，无往不复。艰贞无咎。勿恤其孚，于食有福。

《象》曰："无往不复"，天地际也。

六四：翩翩，不富以其邻，不戒以孚。

《象》曰："翩翩不富"，皆失实也。"不戒以孚"，中心愿也。

六五：帝乙归妹，以祉元吉。

《象》曰："以祉元吉"，中以行愿也。

上六：城复于隍，勿用师，自邑告命。贞吝。

《象》曰："城复于隍"，其命乱也。

卦意略解

《履》之后是《泰》。泰是安泰的意思，这一卦是说利益纠纷摆平之后，就有一个好的发展势头。泰卦关心的是，怎么保持这种强劲的发展势头，也就是怎么"持盈保泰"。

要"持盈保泰"，一个关键就在于顺应天道。天道就是事物的发展规律，按照这个规律来做事就能保住安泰的局面。另外，要注意一点就是做事要有气度，即使是在自己发展最好的时候也要注意保持低调谦虚，要珍惜自己的羽毛，免得招来不必要的麻烦，这样就能长久地立于不败之地。

否卦第十二

否极而哀

修德避难

卦象

卦辞·卦义

否：否之匪人，不利君子贞，大往小来。

《彖》曰："否之匪人，不利君子贞，大往小来。"则是天地不交而万物不通也，上下不交而天下无邦也；内阴而外阳，内柔而外刚，内小人而外君子，小人道长，君子道消也。

《象》曰：天地不交，"否"。君子以俭德辟难，不可荣以禄。

爻辞·爻义

初六：拔茅茹以其汇。贞吉，亨。

《象》曰："拔茅贞吉"，志在君也。

六二：包承，小人吉，大人否。亨。

《象》曰："大人否，亨"，不乱群也。

六三：包羞。

《象》曰："包羞"，位不当也。

九四：有命无咎，畴离祉。

《象》曰："有命无咎"，志行也。

九五：休否，大人吉。其亡其亡，系于苞桑。

《象》曰：大人之吉，位正当也。

上九：倾否，先否后喜。

《象》曰：否终则倾，何可长也。

卦意略解

《泰》之后是《否》。否是事物由盛转衰的自然状态。否卦关注在由盛转衰时应该怎么做的问题。由盛转衰的时候就要会等待，要能守得云开见月明。这时候一要有信心，二要会韬光养晦。我们在遇到整个行业衰退或经济危机的时候，一方面要认清发展的大势，坚定自己的信念；一方面要收敛自己的锋芒，保存实力。

同人卦第十三

志同道合

相依相伴

卦象

卦辞·卦义

同人：同人于野，亨。利涉大川。利君子贞。

《彖》曰：同人，柔得位得中，而应乎乾，曰同人。同人曰，"同人于野，亨。利涉大川"，乾行也。文明以健，中正而应，君子正也。唯君子为能通天下之志。

《象》曰：天与火，同人。君子以类族辨物。

爻辞·爻义

初九：同人于门，无咎。

《象》曰："出门同人"，又谁咎也。

六二：同人于宗，吝。

《象》曰："同人于宗"，吝道也。

九三：伏戎于莽，升其高陵，三岁不兴。

《象》曰："伏戎于莽"，敌刚也。"三岁不兴"，安行也。

九四：乘其墉，弗克攻，吉。

《象》曰："乘其墉"，义弗克也。其"吉"，则困而反则也。

九五：同人先号咷而后笑，大师克，相遇。

《象》曰：同人之先，以中直也。大师相遇，言相克也。

上九：同人于郊，无悔。

《象》曰："同人于郊"，志未得也。

卦意略解

《同人》在《否》之后，大环境不好时，自己又太弱，那么就要会抱团。同人卦就是说怎么跟别人联合。要跟人合作，首要的事情就是扩大合作伙伴的可选择范围。有了潜在想合作的对象时，坚持一个原则："以和为贵。"这样就能联合他人，整合资源，构筑起协同的体系，最终实现共同发展。

大有卦第十四

顺天依时

大有收获

卦象

卦辞·卦义

大有：元亨。

《象》曰："大有"，柔得尊位大中，而上下应之，曰

"大有"。其德刚健而文明，应乎天而时行，是以元亨。

《象》曰：火在天上，"大有"。君子以遏恶扬善，顺天休命。

爻辞·爻义

初九：无交害，匪咎。艰则无咎。

《象》曰：《大有》初九，无交害也。

九二：大车以载，有攸往，无咎。

《象》曰："大车以载"，积中不败也。

九三：公用亨于天子，小人弗克。

《象》曰：公用亨于天子，小人害也。

九四：匪其尫，无咎。

《象》曰："匪其尫，无咎。"明辩晰也。

六五：厥孚交如，威如，吉。

《象》曰："厥孚交如"，信以发志也；"威如之吉"，易而无备也。

上九：自天佑之，吉，无不利。

《象》曰：《大有》上吉，自天佑也。

卦意略解

《同人》接下来就是《大有》，能跟人合作就能实现大富有。大有指的是大富有，这是说真正的大富有是大亨通、大吉利。大有卦旨在揭示如何保有这种大富裕、大亨通的态势。大有卦突出一个"德"字。"德"是什么? 就是你在大富贵时候的格局,有多少财富你就得有多大的德行才能适配这些财富。古人说"小丑备物,终必亡",说的就是如若德不配位,终究还是会被这些"物质财富"所累,引起他人对你的掠夺。大有卦对从商之人一个很重要的启发,便是在追求事业扩张时要随时调整自己的格局以应对不同的挑战。即便是在"大有"这种好局势下也万不可掉以轻心,不用心经营,到最后往往会成为拿一手好牌的输家。

谦卦第十五

谦虚谨慎
不骄不躁

卦象

卦辞·卦义

谦:亨。君子有终。

《彖》曰:谦,亨。天道下济而光明,地道卑而上行。天道亏盈而益谦,地道变盈而流谦,鬼神害盈而福谦,人道恶盈而好谦。谦，尊而光，卑而不可逾，君子之终也。

《象》曰：地中有山，谦。君子以哀多益寡，称物平施。

爻辞·义义

初六：谦谦君子，用涉大川，吉。

《象》曰："谦谦君子"，卑以自牧也。

六二：鸣谦，贞吉。

《象》曰："鸣谦贞吉"，中心得也。

九三：劳谦，君子有终，吉。

《象》曰："劳谦君子"，万民服也。

六四：无不利，㧑谦。

《象》曰："无不利㧑谦"，不违则也。

六五：不富以其邻，利用侵伐，无不利。

《象》曰："利用侵伐"，征不服也。

上六：鸣谦，利用行师征邑国。

《象》曰："鸣谦"，志未得也。"可用行师"，征邑国也。

卦意略解

《谦》在《大有》之后，主要强调在大富有的状态下要谦虚。谦卦主要强调"谦德"，持"谦德"行事，即使一时有亏，但终究还会亨通吉祥。谦的德行是谦谦君子，卑以自牧，谦卦要求人们认识到自己的渺小，时刻不忘增强修养。

这样才能让别人信服，也才能汇聚民心干大事。在经济生活中，谦不是让人追求虚名，而是要化冲突为和谐、维持经济活动的良性循环。以"谦"为德，尽量避免不必要的攻击，曲线前进、以退为进。

豫卦第十六

警惕在前

享受在后

卦象

卦辞·卦义

豫：利建侯行师。

《彖》曰：豫，刚应而志行，顺以动，豫。豫顺以动，故天地如之，而况建侯行师乎？天地以顺动，故日月不过，而四时不忒。圣人以顺动，则刑罚清而民服，豫之时义大矣哉！

《象》曰：雷出地奋，豫。先王以作乐崇德，殷荐之上帝，以配祖考。

爻辞·爻义

初六：鸣豫，凶。

《象》曰："初六鸣豫"，志穷凶也。

六二：介于石，不终日，贞吉。

《象》曰："不终日贞吉"，以中正也。

六三：盱豫，悔，迟有悔。

《象》曰："盱豫有悔"，位不当也。

九四：由豫，大有得，勿疑。朋盍簪。

《象》曰："由豫大有得"，志大行也。

六五：贞疾，恒不死。

《象》曰："六五贞疾"，乘刚也。"恒不死"，中未亡也。

上六：冥豫，成有渝。无咎。

《象》曰："冥豫"在上，何可长也？

卦意略解

继《大有》《谦》之后，是豫卦。这是说既富贵又能持谦道的人就可以"豫"。豫是欢乐、安乐的意思。豫卦指出了一条在安乐中如何自处的康庄大道。豫卦的警示是，"豫"这种乐本身是好的，但对待安乐要节制，过度了就容易乐极生悲。豫卦就是让我们认清安乐跟忧患本质相同，都是身外诸境，全凭如何自处。

随卦第十七

追随智者

随时变通

卦象

卦辞·卦义

随：元亨，利贞，无咎。

《彖》曰：随，刚来而下柔，动而说，随。大亨贞无咎，而天下随时。随时之义大矣哉！

《象》曰：泽中有雷，随。君子以向晦入宴息。

爻辞·爻义

初九：官有渝，贞吉，出门交有功。

《象》曰："官有渝"，从正吉也。"出门交有功"，不失也。

六二：系小子，失丈夫。

《象》曰："系小子"，弗兼与也。

六三：系丈夫，失小子，随有求得。利居贞。

《象》曰："系丈夫"，志舍下也。

九四：随有获，贞凶。有孚在道，以明，何咎？

《象》曰："随有获"，其义凶也。"有孚在道"，明功也。

九五：孚于嘉，吉。

《象》曰："孚于嘉吉"，位正中也。

上六：拘系之，乃从维之，王用亨于西山。

《象》曰："拘系之"，上穷也。

卦意略解

《随》在《豫》之后，因为豫是快乐，如果能与人同乐，众人就会跟随。随卦讲的是怎么跟随别人的问题。随其实是在说依附的艺术，要亨通发达就要用正确的方式依附对的人。随卦这里有个警示，就是万不可过河拆桥。如果你依附别人起来，那么就不能在自己强大以后损害别人，这样会让自己陷入凶境。

蛊卦第十八

蛊惑生乱

振疲起衰

卦象

卦辞·卦义：

蛊：元亨。利涉大川，先甲三日，后甲三日。

《彖》曰：蛊，刚上而柔下，巽而止，蛊。蛊，元亨而天下治也。"利涉大川"，往有事也。"先甲三日，后甲三日"，终则有始，天行也。

《象》曰：山下有风，蛊。君子以振民育德。

爻辞·爻义

初六：干父之蛊，有子，考无咎。厉，终吉。

《象》曰："干父之蛊"，意承考也。

九二：干母之蛊，不可贞。

《象》曰："干母之蛊"，得中道也。

九三：干父之蛊，小有悔，无大咎。

《象》曰："干父之蛊"，终无咎也。

六四：裕父之蛊，往见吝。

《象》曰："裕父之蛊"，往未得也。

六五：干父之蛊，用誉。

《象》曰："干父用誉"，承以德也。

上九：不事王侯，高尚其事。

《象》曰："不事王侯"，志可则也。

卦意略解

《蛊》在《随》之后，跟随别人到一定程度会出现自己被控制的局面，这是一种灾祸，所以是蛊惑之象。蛊卦讲的是如何祛除这种灾祸。有了蛊祸，就要改革了。改革的时候关注几个原则：首先，要有坚强的后盾。其次，改革现状、匡正错误一旦开始就不能停，停下来就是灾难。最后，兴利除弊成功之后要载誉归田、急流勇退。

临卦第十九

上下一心

相互配合

卦象

卦辞·卦义

临：元亨，利贞。至于八月有凶。

《彖》曰：临，刚浸而长，说而顺，刚中而应。大亨以正，天之道也。"至于八月有凶"，消不久也。

《象》曰：泽上有地，临。君子以教思无穷，容保民无疆。

爻辞·爻义

初九：咸临，贞吉。

《象》曰："咸临贞吉"，志行正也。

九二：咸临，吉，无不利。

《象》曰："咸临吉无不利"，未顺命也。

六三：甘临，无攸利；既忧之，无咎。

《象》曰："甘临"，位不当也。"既忧之"，咎不长也。

六四：至临，无咎。

《象》曰："至临无咎"，位当也。

六五：知临，大君之宜，吉。

《象》曰："大君之宜"，行中之谓也。

上六：敦临，吉，无咎。

《象》曰："敦临之吉"，志在内也。

卦意略解

《临》在《蛊》之后，祛除了蛊祸之后，事业将会上升到一个更高的阶段。这时候君临天下的气魄开始出现了，要当领导了，就是临了。临卦主要在讲领导的艺术与驾驭的方法，强调上下的感知与共鸣，说当领导就要让下属产生自然感应的共鸣。下属们响应你，你的领导根基就很稳固。要让群众响应，就要恰当地发挥领导艺术，把握好事态的发展变化。

观卦第二十

观下瞻上

自我省察

卦象

卦辞·卦义

观：盥而不荐。有孚颙若。

《彖》曰：大观在上，顺而巽，中正以观天下，观。"盥而不荐，有孚颙若"，下观而化也。观天之神道，而四时不忒，圣人以神道设教，而天下服矣。

《象》曰：风行地上，观。先王以省方观民设教。

爻辞·爻义

初六：童观，小人无咎，君子吝。

《象》曰："初六童观"，"小人"道也。

六二：窥观，利女贞。

《象》曰："窥观女贞"，亦可丑也。

六三：观我生，进退。

《象》曰："观我生进退"，未失道也。

六四：观国之光，利用宾于王。

《象》曰："观国之光"，尚宾也。

九五：观我生，君子无咎。

《象》曰："观我生"，观民也。

上九：观其生，君子无咎。

《象》曰："观其生"，志未平也。

卦意略解

《临》之后是《观》，做领导要带好下属，最主要的还是要会观察。所以《观》进一步说的是观察的问题。《观》强调观察的时候不要只看表面，而要看本质。要看清事物的本质，心志首先要成熟，另外还要观察全面。带着太天真、太单纯的心态去观察，容易引来灾难。但太过计较细节，也会因为管中窥豹而看不到大局。观察的时候要多角度、多层次去观察，这样才能把握事物发展规律，遇到突发情况时才能做到应对自如。

噬嗑卦第二十一

公正严明

宽严相济

卦象

卦辞·卦义

噬嗑：亨。利用狱。

《彖》曰：颐中有物曰噬嗑。噬嗑而亨，刚柔分，动而明，雷电合而章。柔得中而上行，虽不当位，利用狱也。

《象》曰：雷电，噬嗑，先王以明罚敕法。

爻辞·爻义

初九：屦校灭趾，无咎。

《象》曰："屦校灭趾"，不行也。

六二：噬肤灭鼻，无咎。

《象》曰："噬肤灭鼻"，乘刚也。

六三：噬腊肉遇毒，小吝，无咎。

《象》曰："遇毒"，位不当也。

九四：噬干胏，得金矢。利艰贞，吉。

《象》曰："利艰贞吉"，未光也。

六五：噬干肉得黄金。贞厉，无咎。

《象》曰："贞厉无咎"，得当也。

上九：何校灭耳，凶。

《象》曰："何校灭耳"，聪不明也。

卦意略解

《观》讲观察，观察到问题之后就要解决问题，这时就"轮到"《噬嗑》了。噬和嗑都是咬的意思，象征强力。我们可以把噬嗑简单理解成"恩威并施"里的那个威。该怎么施之以威呢？这里需要注意几点：一是万不可以暴易暴。主要是这种方式从长期来看代价太高。二是要慈悲为怀。对犯错的人要惩戒，但惩戒之后还要宽容，避免其恶性循环。三是宽容但绝不纵容。对于屡次犯错、惩戒不改的，就要果断地严厉惩处之，以维护社会规则正当性。

贲卦第二十二

刚柔相贲

饰外扬质

卦象

卦辞·卦义

贲：亨。小利有攸往。

《彖》曰：贲亨，柔来而文刚，故亨。分刚上而文柔，故小利有攸往。刚柔交错，天文也。文明以止，人文也。观乎天文，以察时变；观乎人文，以化成天下。

《象》曰：山下有火，贲。君子以明庶政，无敢折狱。

爻辞·爻义

初九：贲其趾，舍车而徒。

《象》曰："舍车而徒"，义弗乘也。

六二：贲其须。

《象》曰："贲其须"，与上兴也。

九三：贲如，濡如，永贞吉。

《象》曰："永贞之吉"，终莫之陵也。

六四：贲如皤如，白马翰如。匪寇，婚媾。

《象》曰：六四，当位疑也。"匪寇婚媾"，终无尤也。

六五：贲于丘园，束帛戋戋，吝，终吉。

《象》曰：六五之吉，有喜也。

上九：白贲，无咎。

《象》曰："白贲无咎"，上得志也。

卦意略解

《噬嗑》之后是《贲》。贲是文饰，引申为仪礼和文化。《贲》的一个核心是强调刚柔相济，强调要关注文饰，但又不能太华丽，还需要有内在刚性的东西作支撑。

在企业并购中，两个企业间的文化整合是极为重要的一件事情。这时候刚性和柔性的手段最好合起来用。

剥卦第二十三

顺势而止
谨慎居守

卦象

卦辞·卦义

剥：不利有攸往。

《彖》曰：剥，剥也。柔变刚也。"不利有攸往"，小人长也。顺而止之，观象也。君子尚消息盈虚，天行也。

《象》曰：山附于地，剥。上以厚下安宅。

爻辞·爻义

初六：剥床以足，蔑，贞凶。

《象》曰："剥床以足"，以灭下也。

六二：剥床以辨，蔑，贞凶。

《象》曰："剥床以辨"，未有与也。

六三：剥之，无咎。

《象》曰："剥之无咎"，失上下也。

六四：剥床以肤，凶。

《象》曰："剥床以肤"，切近灾也。

六五：贯鱼以宫人宠，无不利。

《象》曰："以宫人宠"，终无尤也。

上九：硕果不食，君子得舆，小人剥庐。

《象》曰："君子得舆"，民所载也。"小人剥庐"，终不可用也。

卦意略解

《剥》顺承着《贲》，是说文饰过繁就会剥落。剥是指繁盛之后的凋零，这其实是在暗喻外部环境转差了。大环境不好的时候该怎么办？这是剥卦主要探讨的一个问题。这个时候就不要贸然行动了，最好的策略就是小心谨慎，如果粗心大意或者肆意妄动，即便有所收获，最后的成果也会被别人剥夺。

复卦第二十四

循环往复

步步前行

卦象

☷☳

卦辞·卦义

复：亨。出入无疾。朋来无咎。反覆其道，七日来复，利有攸往。

《彖》曰："复，亨"。刚反，动而以顺行。是以"出入无疾，朋来无咎"。"反覆其道，七日来复"，天行也。"利有攸往"，刚长也。复，其见天地之心乎。

《象》曰：雷在地中，复。先王以至日闭关，商旅不行，后不省方。

爻辞·爻义

初九：不远复，无祇悔，元吉。

《象》曰："不远之复"，以修身也。

六二：休复，吉。

《象》曰："休复之吉"，以下仁也。

六三：频复，厉，无咎。

《象》曰："频复之厉"，义无咎也。

六四：中行独复。

《象》曰："中行独复"，以从道也。

六五：敦复，无悔。

《象》曰："敦厚无悔"，中以自考也。

上六：迷复，凶，有灾眚。用行师，终有大败；以其国，君凶，至于十年不克征。

《象》曰："迷复之凶"，反君道也。

卦意略解

《剥》之后是《复》。复指恢复，衰落之后是繁荣的恢复。复卦象征着新的开始，主旨在于阐明在大环境转好的时候如何抓住机遇的问题。这时候一个关键点还是保持理智、谨慎的态度，认清现状、审慎谋划，选自己最合适的方式去抓住机遇。

无妄卦第二十五

事不妄为

审时度势

卦象

卦辞·卦义

无妄：元亨，利贞。其匪正有眚，不利有攸往。

《彖》曰：无妄，刚自外来而为主于内，动而健，刚中而应。大亨以正，天之命也。"其匪正有眚，不利有攸往"。无妄之往何之矣？天命不佑，行矣哉！

《象》曰：天下雷行，物与无妄。先王以茂对时育万物。

爻辞·爻义

初九：无妄往，吉。

《象》曰："无妄之往"，得志也。

六二：不耕获，不菑畬，则利用攸往。

《象》曰："不耕获"，未富也。

六三：无妄之灾，或系之牛，行人之得，邑人之灾。

《象》曰：行人得牛，邑人灾也。

九四：可贞，无咎。

《象》曰："可贞无咎"，固有之也。

九五：无妄之疾，勿药有喜。

《象》曰："无妄之药"，不可试也。

上九：无妄行，有眚，无攸利。

《象》曰："无妄之行"，穷之灾也。

卦意略解

《无妄》在《复》之后，是说恢复之后不要妄动，因为存在人力无法控制的反常情况。对于这些反常情况要有正确的心理认识，这样才不会在失败的时候手忙脚乱、自暴自弃，进而胡乱修改原来正确但没发挥好的策略。

大畜卦第二十六

大有积蓄

当止则止

卦象

卦辞·卦义

大畜：利贞；不家食，吉；利涉大川。

《彖》曰：大畜，刚健笃实，辉光日新。其德刚上而尚贤，能健止，大正也。"不家食吉"，养贤也。"利涉大川"，应乎天也。

《象》曰：天在山中，大畜。君子以多识前贤往行，以畜其德。

爻辞·爻义

初九：有厉，利已。

《象》曰："有厉利已"，不犯灾也。

九二：舆说辐。

《象》曰："舆说辐"，中无尤也。

九三：良马逐，利艰贞；曰闲舆卫，利有攸往。

《象》曰："利有攸往"，上合志也。

六四：童牛之牿，元吉。

《象》曰："六四元吉"，有喜也。

六五：豮豕之牙，吉。

《象》曰："六五之吉"，有庆也。

上九：何天之衢，亨。

《象》曰："何天之衢"，道大行也。

卦意略解

无妄是指不要妄为，无妄的情况处理好了，就会迎来大的蓄积。解读《小畜》的时候我们说过蓄养的问题，这里我们着重讲一点，就是"蓄止"。蓄止指的就是在不可行的时候就要"止"，就是停下来修炼内功。这里面有两个层次：第一，要学会"停"。失败了、遇到危险、出了大状况，该停就停。第二，停下来之后立刻解决问题。一旦遇到困境要学会停下来解决问题，要会欲上先下、欲进还退、欲紧且松，练好内功、等待时机，再谋一发而起。

颐卦第二十七

自食其力

欣欣向荣

卦象

卦辞·卦义

颐：贞吉。观颐，自求口实。

《彖》曰：颐，贞吉，养正则吉也。观颐，观其所养也；自求口实，观其自养也，天地养万物，圣人养贤以及万民，颐之时大矣哉！

《象》曰：山下有雷，颐。君子以慎言语，节饮食。

爻辞·爻义

初九：舍尔灵龟，观我朵颐，凶。

《象》曰："观我朵颐"，亦不足贵也。

六二：颠颐，拂经于丘颐，征凶。

《象》曰："六二征凶"，行失类也。

六三：拂颐，贞凶；十年勿用，无攸利。

《象》曰：十年勿用，道大悖也。

六四：颠颐，吉。虎视眈眈，其欲逐逐，无咎。

《象》曰："颠颐之吉"，上施光也。

六五：拂经，居贞吉；不可涉大川。

《象》曰："居贞之吉"，顺以从上也。

上九：由颐，厉吉。利涉大川。

《象》曰："由颐厉吉"，大有庆也。

卦意略解

颐就是养。此卦在《大畜》之后，是指经过了大的蓄积
阶段，就可以考虑"养"这个问题了。颐卦的一个精髓在于
讲究养的时候要自养，不要老想着靠别人，要学会自己养自
己，这样，在困难的时候就不会因为别人不能伸出援手而无
奈"等死"。等到你自己会养活自己了，那么才可以向外结
盟，借助这些盟友的力量获取更多的资源来养自己。

大过卦第二十八

独善其身
以求平衡

卦象

卦辞·卦义

大过：栋桡；利有攸往，亨。

《彖》曰："大过"，大者过也。"栋桡"，本末弱也。刚过而中，巽而说行。利有攸往，乃亨。"大过"之时大矣哉！

《象》曰：泽灭木，大过。君子以独立不惧，遁世无闷。

爻辞·爻义

初六：籍用白茅，无咎。

《象》曰："籍用白茅"，柔在下也。

九二：枯杨生稊，老夫得其女妻，无不利。

《象》曰："老夫女妻"，过以相与也。

九三：栋桡，凶。

《象》曰："栋桡"之"凶"，不可以有辅也。

九四：：栋隆，吉。有它，吝。

《象》曰："栋隆之吉"，不桡乎下也。

九五：枯杨生华，老妇得其士夫，无咎无誉。

《象》曰："枯杨生华"，何可久也？"老妇士夫"，亦可丑也。

上六：过涉灭顶，凶。无咎。

《象》曰："过涉之凶"，不可咎也。

卦意略解

《颐》之后就是《大过》，是讲养也不能过分，多了也会出现问题。大过卦主要关注颐养过盛之后出现问题应该怎么办。大过卦的核心是怎么纠正"过犹不及"的这种"过"。要纠正过错，就要学会非常时刻行非常手段，要"独立不惧、适世不闷"。在大过这种非常时候，要行什么非常手段？第一是要头脑清楚，眼光锐利。第二就是注意力和势这二者之间的匹配。你有多大力量，就做多大事情。如果你力量不强，要扭转局势时，做事就要郑重、谨慎、居下而柔。但你即使力量很强，也不能没有盟友和帮手。把握好这两点最终都会亨通。

坎卦第二十九

阳刚信实

险中求胜

卦象

卦辞·卦义

习坎：有孚维心，亨。行有尚。

《彖》曰："习坎"，重险也。水流而不盈。行险而不失
其信。"维心，亨"，乃以刚中也。"行有尚"，往有功也。天
险不可升也；地险山川丘陵也。王公设险以守其国。险之时
用大矣哉！

《象》曰：水洊至，习坎。君子以常德行，习教事。

爻辞·爻义

初六：习坎，入于坎窞，凶。

《象》曰："习坎入坎"，失道凶也。

九二：坎有险，求小得。

《象》曰："求小得"，未出中也。

六三：来之坎坎，险且枕，入于坎窞，勿用。

《象》曰："来之坎坎"，终无功也。

六四：樽酒，簋贰，用缶，纳约自牖，终无咎。

《象》曰："樽酒簋贰"，刚柔际也。

九五：坎不盈，祗既平，无咎。

《象》曰："坎不盈"，中未大也。

上六：系用徽纆，寘于丛棘，三岁不得，凶。

《象》曰：上六失道，凶三岁也。

卦意略解

《坎》在《大过》之后，是说事物的发展不能太过，太

过就不顺利了。坎是指坎坷。这一卦就是教人如何从"坎"这种险境中脱离出来。

这里有个准则：面对困境的时候要坚持心中的原则，就会亨通。遇到困难不要恐惧，只要坚持心里的原则，就能深入思考具体该怎么解决这一问题。坚持自己的原则，不仅能使你化险为夷、冷静处事，重要的是它可以帮助你在面对诸多未知性困难的时候，不会迷失自己。

离卦第三十

附和依托

柔顺守正

卦象

卦辞·卦义

离：利贞，亨。畜牝牛吉。

《彖》曰：离，丽也。日月丽乎天，百谷草木丽乎土。重明以丽乎正，乃化成天下。柔丽乎中正，故"亨"，是以"畜牝牛吉"也。

《象》曰：明两作，离。大人以继明照于四方。

爻辞·爻义

初九：履错然，敬之，无咎。

《象》曰："履错之敬"，以辟咎也。

六二：黄离，元吉。

《象》曰："黄离元吉"，得中道也。

九三：日昃之离，不鼓缶而歌，则大耋之嗟，凶。

《象》曰："日昃之离"，何可久也？

九四：突如其来如，焚如，死如，弃如。

《象》曰："突如其来如"，无所容也。

六五：出涕沱若，戚嗟若，吉。

《象》曰：六五之吉，离王公也。

上九：王用出征，有嘉折首，获匪其丑，无咎。

《象》曰："王用出征"，以正邦也。

卦意略解

《坎》之后是《离》。离是附丽的意思，有依附的含义在里面。在陷入坎坷的时候要脱陷，必须要学会依附，其实离卦讲的就是依附的艺术，它主要说的是在依附别人的时候要怎么做。在离卦看来，柔弱的一方依附刚强的一方是天道，双方各安其命、各取所需。离卦就是要求我们学会借势。依附的时候，要摆正心态，甄别依附对象，但切记不能没有原则地依附。依附的艺术贵在顺其自然、不可强求。这样依附才会有效果，才能争取尽可能多的有力支撑，以助自己跨越困境。

二、下经三十四卦与卦意略解

咸卦第三十一

相互感应

和睦守正

卦象

卦辞·卦义

咸：亨。利贞。取女吉。

《彖》曰：咸，感也。柔上而刚下，二气感应以相与。止而说，男下女，是以"亨利贞，取女吉"也。天地感而万物化生，圣人感人心而天下和平。观其所感，而天地万物之情可见矣。

《象》曰：山上有泽，咸。君子以虚受人。

爻辞·爻义

初六：咸其拇。

《象》曰："咸其拇"，志在外也。

六二：咸其腓，凶。居吉。

《象》曰：虽"凶居吉"，顺不害也。

九三：咸其股，执其随，往吝。

《象》曰："咸其股"，亦不处也。志在随人，所执下也。

九四：贞吉，悔亡。憧憧往来，朋从尔思。

《象》曰："贞吉悔亡"，未感害也。"憧憧往来"，未光大也。

九五：咸其脢，无悔。

《象》曰："咸其脢"，志末也。

上六：咸其辅颊舌。

《象》曰："咸其辅颊舌"，滕口说也。

卦意略解

　　从咸卦开始就是《周易》下经的部分了。咸是感的意思。咸卦主要强调相互感应，也就是共鸣的重要性。在咸卦看来，和谐的精要就是共鸣。因为有共鸣，合作才会顺利。但共鸣不仅依靠默契和心照不宣，还需要经营。这就需要双方在合作的时候，既能寻找志同道合的伙伴，又能恰当地把握交往中的尺度，这样跟合作伙伴的共鸣才能长久。

恒卦第三十二

坚守正道
恒心有成

卦象

卦辞·卦义

恒：亨，无咎，利贞，利有攸往。

《彖》曰：恒，久也。刚上而柔下。雷风相与，巽而动，刚柔皆应，恒。"恒亨无咎利贞"，久于其道也。天地之道恒久而不已也。"利有攸往"，终则有始也。日月得天而能久照，四时变化而能久成，圣人久于其道而天下化成。观其所恒，而天地万物之情可见矣。

《象》曰：雷风，恒。君子以立不易方。

爻辞·爻义

初六：浚恒，贞凶，无攸利。

《象》曰："浚恒"之"凶"，始求深也。

九二：悔亡。

《象》曰：九二"悔亡"，能久中也。

九三：不恒其德，或承之羞，贞吝。

《象》曰："不恒其德"，无所容也。

九四：田无禽。

《象》曰：久非其位，安得禽也。

六五：恒其德，贞，妇人吉，夫子凶。

《象》曰：妇人贞吉，从一而终也。夫子制义，从妇凶也。

上六：振恒，凶。

《象》曰：振恒在上，大无功也。

卦意略解

有了共鸣还不够，还要能把这种共鸣长久地维持下来。恒卦专门讲怎么长久维持一段关系。要长久，就要走正道。只有走正道，和谐的关系才能长久。走正道的核心是恪守本分。你在这一段关系中的角色是什么？与这个角色相匹配的行为是什么？这就是你的本分，恰当地扮演好自己的角色，才能保持关系的长久。

遁卦第三十三

明哲保身

讲究战略

卦象

卦辞·卦义

遁：亨。小利贞。

《彖》曰："遁亨"，遁而亨也。刚当位而应，与时行也。"小利贞"，浸而长也。遁之时义大矣哉！

《象》曰：天下有山，遁。君子以远小人，不恶而严。

爻辞·爻义

初六：遁尾，厉。勿用有攸往。

《象》曰："遁尾"之"厉"，不往何灾也？

六二：执之用黄牛之革，莫之胜说。

《象》曰："执用黄牛"，固志也。

九三：系遁，有疾厉；畜臣妾吉。

《象》曰："系遁"之"厉"，有疾惫也。"畜臣妾吉"，不可大事也。

九四：好遁，君子吉，小人否。

《象》曰：君子好遁，小人否也。

九五：嘉遁，贞吉。

《象》曰："嘉遁贞吉"，以正志也。

上九：肥遁，无不利。

《象》曰："肥遁无不利"，无所疑也。

卦意略解

"恒"维持到一定程度也会变，变的时候就要关注遁卦讲的退避问题。《咸》《恒》《遁》合起来看，它们三者之间就是由共鸣产生一段关系。合得来就是恒，合不来就是遁。《遁》在说不能合作时就要抽身而退。退讲究一个时机问题。不能早，早了损人品；不能晚，晚了退不了。要恰到好处，这个火候很考验人。心有退意，就要早作准备，时刻关注环境发展的态势，避开锋芒，有礼有节有据地退出，给自己留足回旋余地。

大壮卦第三十四

大为强盛

切忌骄纵

卦象

卦辞·卦义

大壮：利贞。

《彖》曰：大壮，大者壮也。刚以动，故壮。"大壮利贞"，大者正也。正大而天地之情可见矣！

《象》曰：雷在天上，大壮。君子以非礼弗履。

爻辞·爻义

初九：壮于趾，征凶，有孚。

《象》曰："壮于趾"，其孚穷也。

九二：贞吉。

《象》曰：九二"贞吉"，以中也。

九三：小人用壮，君子用罔，贞厉。羝羊触藩，羸其角。

《象》曰："小人用壮"，君子罔也。

九四：贞吉，悔亡。藩决不羸，壮于大舆之輹。

《象》曰："藩决不羸"，尚往也。

六五：丧羊于易，无悔。

《象》曰："丧羊于易"，位不当也。

上六：羝羊触藩，不能退，不能遂，无攸利，艰则吉。

《象》曰："不能退，不能遂"，不详也，"艰则吉"，咎不长也。

卦意略解

《恒》《遁》接下来就是《大壮》。大壮是指强盛。能进退自若、收放自如，就一定很强盛。强大之后要注意什么？
这是《大壮》关注的核心。这个时候的一个关键是谨慎。鼎
盛之后最害怕的事，就是不谨慎。《易经》一直提醒我们环
境是不断变化的，要看得到变化。你强壮了、上了一个台
阶，竞争者的段位跟着也就高了，想抱你大腿、占你便宜的
就更多了，这时稍微放松一下或者自大一下，原来的成功经
验可能就完全派不上用场。

晋卦第三十五

踏实向善

柔顺进长

卦象

卦辞·卦义

晋：康侯用锡蕃庶，昼日三接。

《彖》曰：晋，进也，明出地上。顺而丽乎大明，柔进
而上行，是以"康侯用锡马蕃庶，昼日三接"也。

《象》曰：明出地上，《晋》。君子以自昭明德。

爻辞·爻义

初六：晋如摧如，贞吉。罔孚，裕无咎。

《象》曰："晋如摧如"，独行正也；"裕无咎"，未受命也。

六二：晋如愁如，贞吉。受兹介福，于其王母。

《象》曰："受兹介福"，以中正也。

六三：众允，悔亡。

《象》曰："众允"之志，上行也。

九四：晋如鼫鼠，贞厉。

《象》曰："鼫鼠贞厉"，位不当也。

六五：悔亡，失得勿恤；往吉，无不利。

《象》曰："失得勿恤"，往有庆也。

上九：晋其角，维用伐邑，厉吉，无咎；贞吝。

《象》曰："维用伐邑"，道未光也。

卦意略解

《晋》在《大壮》后面。大壮是指事物发展强盛的状态，一直保持这种强盛就能迎来发展的新局面，这时候往往就会更进一层楼，所以大壮接下来就是晋。晋有晋级、晋升的意思，晋卦主要说往上升的时候要注意什么问题。晋卦说晋升的根本是真才实学，有了这个根基，升上去才能坐得稳位子。没实力，即使升上去，最终还是要被拉下来。有了根基，接下来一个关键就是心态。在追求晋升的过程中人容易患得患失，这时候要摆正心态，把本职工作做好。如果该升却没升，千万不要甩脸色、耍脾气，反而更要尽职尽责，耐心等待，机会到来就只是时间问题。

明夷卦第三十六

艰贞守正

韬光养晦

卦象

卦辞·卦义

明夷：利艰贞。

《彖》曰：明入地中，"明夷"。内文明而外柔顺，以蒙大难，文王以之。"利艰贞"，晦其明也，内难而能正其志，箕子以之。

《象》曰：明入地中，"明夷"。君子以莅众，用晦而明。

爻辞·爻义

初九：明夷于飞，垂其翼。君子于行，三日不食。有攸往，主人有言。

《象》曰："君子于行"，义不食也。

六二：明夷，夷于左股，用拯马壮，吉。

《象》曰：六二之吉，顺以则也。

九三：明夷于南狩，得其大首，不可疾贞。

《象》曰："南狩"之志，乃得大也。

六四：入于左腹，获明夷之心，于出门庭。

《象》曰："入于左腹"，获心意也。

六五：箕子之明夷，利贞。

《象》曰：箕子之贞，明不可息也。

上六：不明晦。初登于天，后入于地。

《象》曰："初登于天"，照四国也。"后入于地"，失则也。

卦意略解

《晋》之后是《明夷》，讲的是强盛不可能千秋万代一直不变，最后还是会走向衰败。明夷卦是日落之象，说的正是由盛转衰的情况。明夷卦主要是说处于这种晦暗的时候要怎么做事情。大环境是"明夷"的时候，就要韬光养晦，这时候做事要"外晦内正"。身处"明夷"之中，避险是上上策，如果实在躲不过就先把自己藏起来。一边练好内功适应环境，一边联合外力保全自己，一定要等到环境转好的时候再出来。

家人卦第三十七

言行合一

治家有道

卦象

卦辞·卦义

家人：利女贞。

《彖》曰：家人，女正位乎内，男正位乎外；男女正，天地之大义也。家人有严君焉，父母之谓也。父父，子子，兄兄，弟弟，夫夫，妇妇，而家道正；正家而天下定矣。

《象》曰：风自火出，家人。君以言有物而行有恒。

爻辞·爻义

初九：闲有家，悔亡。

《象》曰："闲有家"，志未变也。

六二：无攸遂，在中馈，贞吉。

《象》曰：六二之吉，顺以巽也。

九三：家人嗃嗃，悔厉吉；妇子嘻嘻，终吝。

《象》曰："家人嗃嗃"，未失也；"妇子嘻嘻"，失家节也。

六四：富家，大吉。

《象》曰："富家大吉"，顺在位也。

九五：王假有家，勿恤，吉。

《象》曰："王假有家"，交相爱也。

上九：有孚威如，终吉。

《象》曰：威如之吉，反身之谓也。

卦意略解

家是避风港，遇到困难可以回到家里，寻求慰藉以求重新振奋。《明夷》之后是《家人》。家人卦主要就是讲怎么治家。治家以修身为本，修身的根本在于严于律己。通过自己的行为来影响家人，这样一家人才能够和睦融洽。家教好，人际关系就容易和谐，进而有利于沟通交流乃至经营事业，所以古人在治天下之前都要先讲修身、齐家。

睽卦第三十八

求同存异

顺势利导

卦象

卦辞·卦义

睽：小事吉。

《彖》曰：睽，火动而上，泽动而下，二女同居，其志不同行。说而丽乎明，柔进而上行，得中而应乎刚，是以小事吉。天地睽而其事同也。男女睽而其志通也。万物睽而其事类也，睽之时用大矣哉！

《象》曰：上火下泽，睽。君子以同而异。

爻辞·爻义

初九：悔亡。丧马，勿逐自复。见恶人，无咎。

《象》曰："见恶人"，以辟咎也。

九二：遇主于巷，无咎。

《象》曰："遇主于巷"，未失道也。

六三：见舆曳，其牛掣，其人天且劓，无初有终。

《象》曰："见舆曳"，位不当也；"无初有终"，遇刚也。

九四：睽孤，遇元夫，交孚，厉无咎。

《象》曰："交孚无咎"，志行也。

六五：悔亡。厥宗噬肤，往何咎？

《象》曰："厥宗噬肤"，往有庆也。

上九：睽孤，见豕负涂，载鬼一车，先张之弧，后说之弧；匪寇，婚媾；往遇雨则吉。

《象》曰："遇雨之吉"，群疑亡也。

卦意略解

《家人》后是《睽》。睽是两对眼睛互相瞪着对方的样子，很形象地表现面和心不和的场面。《睽》说的是在离心离德的状况下该怎么做事的问题。这时候做事的一个原则是"小事吉利"。在离心离德时不要兴师动众，做小的事情比较容易成功。也就是说在内部出现分歧、人心不稳时，要用柔顺的处事方式，从小处着眼，这样容易成功。

蹇卦第三十九

险阻在前

进退合宜

卦象

卦辞·卦义

蹇：利西南，不利东北；利见大人，贞吉。

《彖》曰：蹇，难也，险在前也。见险而能止，知矣哉！蹇，"利西南"，往得中也；"不利东北"，其道穷也；"利见大人"，往有功也；当位"贞吉"，以正邦也；蹇之时用大矣哉！

《象》曰：山上有水，蹇。君子以反身修德。

爻辞·爻义

初六：往蹇，来誉。

《象》曰："往蹇来誉"，宜待也。

六二：王臣蹇蹇，匪躬之故。

《象》曰："王臣蹇蹇"，终无尤也。

九三：往蹇，来反。

《象》曰："往蹇来反"，内喜之也。

六四：往蹇，来连。

《象》曰："往蹇来连"，当位实也。

九五：大蹇，朋来。

《象》曰："大蹇朋来"，以中节也。

上六：往蹇，来硕，吉，利见大人。

《象》曰："往蹇来硕"，志在内也；"利见大人"，以从贵也。

卦意略解

《蹇》在《睽》之后，讲的是离心离德了就会有艰险。

蹇就是困难、艰险。蹇卦主要说的是在危险的状况下要怎么行事的问题。对待危险，蹇卦的措施就是避开它。知道有危险就停止下来，这才是明智的。我们为了完成目标而克服困难，这种精神是值得提倡的，但是有些困难更多是让人处于一种险境，这时候就不要拿鸡蛋碰石头，而是避开它，选择更安全的方式。

解卦第四十

柔道致治

舒解险难

卦象

卦辞·卦义

解：利西南；无所往，其来复吉；有攸往，夙吉。

《彖》曰：解，险以动，动而免乎险，解。"解，利西南"，往得众也。"其来复吉"，乃得中也。"有攸往夙吉"，往有功也。天地解而雷雨作，雷雨作而百果草木皆甲坼。解之时用大矣哉！

《象》曰：雷雨作，解。君子以赦过宥罪。

爻辞·爻义

初六：无咎。

《象》曰：刚柔之际，义无咎也。

九二：田获三狐，得黄矢，贞吉。

《象》曰：九二贞吉，得中道也。

六三：负且乘，致寇至，贞吝。

《象》曰："负且乘"，亦可丑也；自我致戎，又谁咎也？

九四：解而拇，朋至斯孚。

《象》曰："解而拇"，未当位也。

六五：君子维有解，吉，有孚于小人。

《象》曰：君子有解，小人退也。

上六：公用射隼于高墉之上，获之，无不利。

《象》曰："公用射隼"，以解悖也。

卦意略解

《解》在《蹇》后。解卦象征着纾解困难。怎么解除困难？整个解卦的原则就一句话："无事静，有事动。""无事静"是说形势不明朗的时候，你要观望，一边听风声，一边除内患。"有事动"则是在困难的苗头露出来的时候，就及早行动，不要拖延。在解决困难的时候要注意团结合作，尽可能多地争取"君子"做盟友，以对抗"小人"。

损卦第四十一

息怒寡欲

损益制衡

卦象

卦辞·卦义

损：有孚，元吉，无咎，可贞，利有攸往。曷之用？二簋可用享。

《彖》曰：损，损下益上，其道上行。损而有孚，元吉，无咎，可贞，利有攸往。曷之用？二簋可用享。二簋应有时，损刚益柔有时：损益盈虚，与时偕行。

《象》曰：山下有泽，损。君子以惩忿窒欲。

爻辞·爻义

初九：已事遄往，无咎。酌损之。

《象》曰："已事遄往"，尚合志也。

九二：利贞，征凶，弗损益之。

《象》曰：九二利贞，中以为志也。

六三：三人行，则损一人，一人行，则得其友。

《象》曰：一人行，三则疑也。

六四：损其疾，使遄有喜，无咎。

《象》曰："损其疾"，亦可喜也。

六五：或益之十朋之龟，弗克违，元吉。

《象》曰：六五元吉，自上佑也。

上九：弗损益之，无咎，贞吉，利有攸往，得臣无家。

《象》曰："弗损益之"，大得志也。

卦意略解

损卦着重讲怎么面对损失这个问题。损失已经发生了，就要保持"去者不追"的宽宏，还斤斤计较的话，不仅于事无补还会惹人厌烦，反而扩大损失的范围。损卦还强调一点，当损则损。有些损失难以避免，这时候就不要小气，要通过这些损失追求更多的益处。在并购中，企业怀着谨慎的心态做事。即便有一丝损失，最终的结果仍将获得大利益。

益卦第四十二

损上益下

相互获益

卦象

卦辞·卦义

益：利有攸往，利涉大川。

《彖》曰："益"，损上益下，民说无疆；自上下下，其道大光；"利有攸往"，中正有庆；"利涉大川"，木道乃行；益动而巽，日进无疆；天施地生，其益无方。凡益之道，与时偕行。

《象》曰：风雷，益。君子以见善则迁，有过则改。

爻辞·爻义

初九：利用为大作，元吉，无咎。

《象》曰："元吉无咎"，下不厚事也。

六二：或益之十朋之龟，弗克违，永贞吉。王用享于帝，吉。

《象》曰："或益之"，自外来也。

六三：益之用凶事，无咎。有孚中行，告公用圭。

《象》曰："益用凶事"，固有之也。

六四：中行，告公从，利用为依迁国。

《象》曰："告公从"，以益志也。

九五：有孚惠心，勿问元吉。有孚惠我德。

《象》曰："有孚惠心"，勿问之矣；"惠我德"，大得志也。

上九：莫益之，或击之；立心勿恒，凶。

《象》曰："莫益之"，偏辞也；"或击之"，自外来也。

卦意略解

损益，是说"损"到了一定程度就转变为"益"。《易经》中《益》在《损》后，是在说"先损后益"这个浅显的道理。益卦也就是主要围绕着如何求益保益这一主题来展开讨论的。益卦有一点说到争益、守益的时候要学会分益，这是我们以前讲益卦的时候很少谈到的。分益就是利益均沾，这对于保持合作伙伴关系稳定以及防范潜在风险很有益处。

夬卦第四十三

行事果决

决而能和

卦象

卦辞·卦义

夬：扬于王庭，孚号有厉，告自邑，不利即戎，利有攸往。

《彖》曰："夬"，决也，刚决柔也。健而说，决而和；"扬于王庭"，柔乘五刚也；"孚号有厉"，其危乃光也；"告自邑，不利即戎"，所尚乃穷也；"利有攸往"，刚长乃终也。

《象》曰：泽上于天，夬。君子以施禄及下，居德则忌。

爻辞·爻义

初九：壮于前趾，往不胜为咎。

《象》曰：不胜而往，咎也。

九二：惕号，莫夜有戎，勿恤。

《象》曰："有戎勿恤"，得中道也。

九三：壮于頄，有凶。君子夬夬独行，遇雨若濡，有愠无咎。

《象》曰："君子夬夬"，终无咎也。

九四：臀无肤，其行次且；牵羊悔亡，闻言不信。

《象》曰："其行次且"，位不当也；"闻言不信"，聪不明也。

九五：苋陆夬夬中行，无咎。

《象》曰："中行无咎"，中未光也。

上六：无号，终有凶。

《象》曰："无号之凶"，终不可长也。

卦意略解

《益》之后就是《夬》。夬是决的右偏旁，有决断、决裂的寓意在里面。益太多容易满盈，满盈之后就是溃败之象，这会引起合作伙伴之间的决裂。夬卦是讲在利益分配上无法达成一致的时候，就要果断地做决定。《夬》的卦辞是说在做决断的时候，要先在内部做好准备、统一思想；要繁复精细地谋划，不要一味地诉诸暴力。只有战略、策略上都做好准备之后，决断才能成功。必须要警惕谨慎、谋划周密、处事得当，才不会招致怨恨以及危害。

姤卦第四十四

相遇之道

趋利避害

卦象

卦辞·卦义

姤：女壮，勿用取女。

《彖》曰：姤，遇也，柔遇刚也。"勿用取女"，不可与长也。天地相遇，品物咸章也。刚遇中正，天下大行也。姤之时义大矣哉！

《象》曰：天下有风，姤。后以施命诰四方。

爻辞·爻义

初六：系于金柅，贞吉。有攸往，见凶。羸豕孚蹢躅。

《象》曰："系于金柅"，柔道牵也。

九二：包有鱼，无咎，不利宾。

《象》曰："包有鱼"，义不及宾也。

九三：臀无肤，其行次且，厉，无大咎。

《象》曰："其行次且"，行未牵也。

九四：包无鱼，起凶。

《象》曰："无鱼之凶"，远民也。

九五：以杞包瓜，含章，有陨自天。

《象》曰：九五含章，中正也；有陨自天，志不舍命也。

上九：姤其角，吝，无咎。

《象》曰："姤其角"，上穷吝也。

卦意略解

《姤》象征着邂逅，表面上说的是不期而遇的姻缘，其实讲的还是结盟的问题。怎么结盟则是此卦考虑的中心问题。《姤》的一个核心是"壮女勿娶"，字面上的意思是说女子过分强壮，则不宜娶之为妻，否则就是自讨苦吃。这是个比喻，实则指你要联合、要争取的那个合作者一定要实力相当。要是他实力过强，这就要小心，因为可能他就不受你掌控，最后你容易被他反过来控制住。

萃卦第四十五

荟萃聚集

以正为德

卦象

卦辞·卦义

萃：亨。王假有庙，利见大人，亨利贞。用大牲吉，利有攸往。

《彖》曰："萃"，聚也。顺以说，刚中而应，故聚也；"王假有庙"，致孝享也；"利见大人亨"，聚以正也；"用大牲吉，利有攸往"，顺天命也；观其所聚，而天地万物之情可见矣。

《象》曰：泽上于地，萃。君子以除戎器，戒不虞。

爻辞·爻义

初六：有孚不终，乃乱乃萃，若号，一握为笑，勿恤，往无咎。

《象》曰："乃乱乃萃"，其志乱也。

六二：引吉，无咎，孚乃利有禴。

《象》曰："引吉无咎"，中未变也。

六三：萃如嗟如，无攸利。往无咎，小吝。

《象》曰："往无咎"，上巽也。

九四：大吉，无咎。

《象》曰："大吉无咎"，位不当也。

九五：萃有位，无咎，匪孚。元永贞，悔亡。

《象》曰："萃有位"，志未光也。

上六：赍咨涕洟，无咎。

《象》曰："赍咨涕洟"，未安上也。

卦意略解

《姤》讲不期而遇，有"遇"就有"聚"，"聚"则是萃卦讨论的一个重点。萃不是简单的聚集，而是强调凝聚，能凝聚力量，就能办大事。萃卦是说你怎么把聚集的那些力量凝聚起来办大事。要汇聚力量、凝聚人心就要做事符合正义，做人要真诚。要想支配这些力量，首先就得要能够控制、引导这些力量，这就得保持诚信。有了诚信做基础，还要会在大方向上引导力量，这时候就要符合正义，以德服人。

升卦第四十六

缓缓前进

顺势求升

卦象

卦辞·卦义

升：元亨，用见大人，勿恤，南征吉。

《彖》曰：柔以时升，巽而顺，刚中而应，是以大亨。"用见大人勿恤"，有庆也。"南征吉"，志行也。

《象》曰：地中生木，升。君子以顺德，积小以高大。

爻辞·爻义

初六：允升，大吉。

《象》曰："允生大吉"，上合志也。

九二：孚乃利用禴，无咎。

《象》曰：九二之孚，有喜也。

九三：升虚邑。

《象》曰："升虚邑"，无所疑也。

六四：王用亨于岐山，吉，无咎。

《象》曰："王用亨于岐山"，顺事也。

六五：贞吉，升阶。

《象》曰："贞吉升阶"，大得志也。

上六：冥升，利于不息之贞。

《象》曰：冥升在上，消不富也。

卦意略解

《升》在《萃》之后，讲的是力量聚集了就会向上升一个台阶。升有上升、晋升的含义，升卦主要阐述的就是向上升的过程中需要注意什么事项。升卦探讨了两个问题：怎么升？升上去怎么保持？关于怎么升的问题，升卦强调了两点，既要有坚强的实力，又要有长者提携，两者结合才能达成升的目的。那么升上去之后怎么保证自己不掉下来？升卦里有个精髓叫"谦逊"，就是要秉承柔顺之道，要步步为营、稳扎稳打，才能保有升的这种势头。

困卦第四十七

困境求通

洁身自守

卦象

卦辞·卦义：

困：亨。贞大人吉，无咎。有言不信。

《彖》曰："困"，刚掩也。险以说，困而不失其所亨，其唯君子乎！"贞大人吉"，以刚中也；"有言不信"，尚口乃穷也。

《象》曰：泽无水，困。君子以致命遂志。

爻辞·爻义：

初六：臀困于株木，入于幽谷，三岁不觌。

《象》曰："入于幽谷"，幽不明也。

九二：困于酒食，朱绂方来，利用享祀。征凶，无咎。

《象》曰："困于酒食"，中有庆也。

六三：困于石，据于蒺藜，入于其宫，不见其妻，凶。

《象》曰："据于蒺藜"，乘刚也。"入于其宫，不见其妻"，不祥也。

九四：来徐徐，困于金车，吝，有终。

《象》曰："来徐徐"，志在下也。虽不当位，有与也。

九五：劓刖，困于赤绂，乃徐有说，利用祭祀。

《象》曰："劓刖"，志未得也；"乃徐有说"，以中直也；"利用祭祀"，受福也。

上六：困于葛藟；于臲卼。曰动悔有悔，征吉。

《象》曰："困于葛藟"，未当也；"动悔有悔"，吉行也。

卦意略解

《升》之后是《困》，说的是不顾一切往上走，就会陷入困境。困卦主要讨论怎么脱离这种困境。要走出困境，一个精要就是：有原则、能坚持。坚持原则的第一点就是自己要有实力，困卦说这时候千万不要奢望别人救你，这时候你是"有盲不信"的境地，说话没人听，别人都躲着你，所以一定要自救。自救是否成功就看你能不能坚持原则。这个时候要是急于摆脱困境、不择手段，那无异于饮鸩止渴，即使侥幸走出困境也会后患无穷，最终还是会掉回到原来的困局中。

井卦第四十八

修身养人

利人利己

卦象

☰
☵

卦辞·卦义

井：改邑不改井，无丧无得。往来井井。汔至，亦未繘井，羸其瓶，凶。

《彖》曰：巽乎水而上水，井。井养而不穷也。"改邑不改井"，乃以刚中也；"汔至，亦未繘井"，未有功也；"羸其瓶"，是以凶也。

《象》曰：木上有水，井。君子以劳民劝相。

爻辞·爻义

初六：井泥不食，旧井无禽。

《象》曰："井泥不食"，下也；"旧井无禽"，时舍也。

九二：井谷射鲋，瓮敝漏。

《象》曰："井谷射鲋"，无与也。

九三：井渫不食，为我心恻。可用汲，王明并受其福。

《象》曰："井渫不食"，行恻也；求"王明"，受福也。

六四：井甃，无咎。

《象》曰："井甃无咎"，修井也。

九五：井洌，寒泉食。

《象》曰："寒泉之食"，中正也。

上六：井收勿幕，有孚元吉。

《象》曰："元吉"在上，大成也。

卦意略解

《井》在《困》后。我们知道"困"是一味求升导致的困境，那么井卦就是说这个时候你遇到困难了，就要考虑回过头加强自我修养，也就是回头重新找那口滋养源泉的"井"。井卦说的是怎么维持这口"井"的活力。井卦推崇"井养而不穷"，在这里井卦强调做人做事要有根基，要能像井水那样取之不尽、用之不竭，这样发展才不会遇到阻塞。怎么保持井水不穷？这就需要你有一口好井。有了好井，还要注意维持，否则井就会被淤泥堵塞，水就会变得没办法喝。这就告诫我们，要与时俱进，及时充盈新知识、新经验，这样才不会被时代淘汰。

革卦第四十九

顺天而变

适时变革

卦象

卦辞·卦义

革：己日乃孚，元亨，利贞，悔亡。

《彖》曰：革，水火相息，二女同居，其志不相得曰革。"己日乃孚"，革而信之。文明以说，大亨以正。革而当，其悔乃亡。天地革而四时成，汤武革命，顺乎天而应乎人。革之时大矣哉！

《象》曰：泽中有火，革。君子以治历明时。

爻辞·爻义

初九：巩用黄牛之革。

《象》曰："巩用黄牛"，不可以有为也。

六二：己日乃革之，征吉，无咎。

《象》曰："己日革之"，行有嘉也。

九三：征凶，贞厉。革言三就，有孚。

《象》曰："革言三就"，又何之矣。

九四：悔亡。有孚改命，吉。

《象》曰："改命之吉"，信志也。

九五：大人虎变，未占有孚。

《象》曰："大人虎变"，其文炳也。

上六：君子豹变，小人革面。征凶，居贞吉。

《象》曰："君子豹变"，其文蔚也。"小人革面"，顺以从君也。

卦意略解

《革》在《井》之后，讲的是井里的水时间长了也会混浊不能喝，这时候就要求变，这就到了革卦关注的重点。革卦就是教你怎么改革才能成功，成功了之后又该做些什么才能保住你成功的果实。在革卦看来，改革能不能成功的关键在于时机，这是天时，也就是革卦说的"己日"。这个"己日"的时机到了，你要是当变不变，就只能反受其乱了。这个时机非常重要，早一步、晚一步都不成，早了你成功不了，晚了你再改就是给他人做嫁衣了。如果你时机拿捏得好，选的队伍也有实力，自己的管理有章法，那你就能把握住时机，这时候只要顺势而为就是了。

鼎卦第五十

革故鼎新

知人善任

卦象

卦辞·卦义

鼎：元吉，亨。

《彖》曰：鼎，象也。以木巽火，亨饪也。圣人亨以享上帝，而大亨以养圣贤。巽而耳目聪明，柔进而上行，得中而应乎刚，是以元亨。

《象》曰：木上有火，鼎。君子以正位凝命。

爻辞·爻义

初六：鼎颠趾，利出否。得妾以其子，无咎。

《象》曰："鼎颠趾"，未悖也。"利出否"，以从贵也。

九二：鼎有实，我仇有疾，不我能即，吉。

《象》曰："鼎有实"，慎所之也。"我仇有疾"，终无尤也。

九三：鼎耳革，其行塞，雉膏不食，方雨，亏悔，终吉。

《象》曰："鼎耳革"，失其义也。

九四：鼎折足，覆公𫗧，其形渥，凶。

《象》曰：覆公𫗧，信如何也。

六五：鼎黄耳金铉，利贞。

《象》曰："鼎黄耳"，中以为实也。

上九：鼎玉铉，大吉，无不利。

《象》曰：玉铉在上，刚柔节也。

卦意略解

《鼎》在《革》之后。革说的改革，是去故。改革之后是治理，要取新。之所以起名叫鼎，是因为鼎是古代煮东西用的大锅，后来演变成权力的象征，这里说的是你在改革之后就涉及怎么运用权力来维持改革的成果。怎么保持改革的成果，实现良善治理，这是鼎卦着重探讨的问题。鼎卦的一个精要是强调人才的作用，就像要煮好饭就要选好的鼎。一口好鼎就好比是一个帮你治天下的人，选人就要选贤能的人。选贤任能的首要一点，就是要明白人才是治理的重中之重，要控制局势就要先一步储备足够的人才。其次，选人才用什么标准呢？德深智大力强，是上上选。最后，选来人才要会用，你安放这些人才要恰当，这就要知人、要善任。

震卦第五十一

居安思危

自我反省

卦象

卦辞·卦义

震：亨。震来虩虩，笑言哑哑，震惊百里，不丧匕鬯。

《彖》曰：震，亨。"震来虩虩"，恐致福也；"笑言哑哑"，后有则也；"震惊百里"，惊远而惧迩也；"不丧匕鬯"，出可以守宗庙社稷，以为祭主也。

《象》曰：洊雷，震。君子以恐惧修身。

爻辞·爻义

初九：震来虩虩，后笑言哑哑，吉。

《象》曰："震来虩虩"，恐致福也；"笑言哑哑"，后有则也。

六二：震来厉，亿丧贝，跻于九陵，勿逐，七日得。

《象》曰："震来厉"，乘刚也。

六三：震苏苏，震行无眚。

《象》曰："震苏苏"，位不当也。

九四：震遂泥。

《象》曰："震遂泥"，未光也。

六五：震往来，厉，亿无丧，有事。

《象》曰："震往来，厉"，危行也；其事在中，大无丧也。

上六：震索索，视矍矍，征凶。震不于其躬，于其邻，无咎。婚媾有言。

《象》曰:"震索索",中未得也;虽凶无咎,畏邻戒也。

卦意略解

前文说鼎是权力的象征,那么掌握权力之后,就可以发号施令了,接下来就是震卦。你的声音振聋发聩,开始有了统治者的威严。又因为震是雷,所以震还有一层意思就是听到打雷声,产生敬畏心,进而谨慎防范,加强修养。震卦的一个核心是说要畏人、畏己、畏天命,其实就是要居安思危,平时注意分寸。心中常存敬畏心的人,行事就不会鲁莽,能够约束自己,及时自我反省,才不会陷入危险之中。

艮卦第五十二

量力而行
当止则止

卦象

卦辞·卦义

艮:艮其背,不获其身;行其庭,不见其人,无咎。

《彖》曰：艮，止也。时止则止，时行则行。动静不失其时，其道光明。艮其止，止其所也。上下敌应，不相与也。是以"不获其身，行其庭，不见其人，无咎"也。

《象》曰：兼山，艮。君子以思不出其位。

爻辞·爻义

初六：艮其趾，无咎。利永贞。

《象》曰："艮其趾"，未失正也。

六二：艮其腓，不拯其随，其心不快。

《象》曰："不拯其随"，未退听也。

九三：艮其限，列其夤，厉熏心。

《象》曰："艮其限"，危熏心也。

六四：艮其身，无咎。

《象》曰："艮其身"，止诸躬也。

六五：艮其辅，言有序，悔亡。

《象》曰："艮其辅"，以中正也。

上九：敦艮，吉。

《象》曰："敦艮之吉"，以厚终也。

卦意略解

《艮》主要讨论止的问题。止是停下来的意思，该走的时候走，不该走的时候停，就是指行事要恰到好处。在最合适的时机做你能力范围内最恰当的事情，这便是止的深意。止说的是适可而止。

渐卦第五十三

循序渐进

守正大成

卦象

卦辞·卦义

渐：女归吉，利贞。

《彖》曰：渐之进也，女归吉也。进得位，往有功也。进以正，可以正邦也，其位刚得中也。止而巽，动不穷也。

《象》曰：山上有木，渐。君子以居贤德善俗。

爻辞·爻义

初六：鸿渐于干。小子厉，有言，无咎。

《象》曰："小子之厉"，义无咎也。

六二：鸿渐于磐，饮食衎衎，吉。

《象》曰："饮食衎衎"，不素饱也。

九三：鸿渐于陆。夫征不复，妇孕不育，凶。利御寇。

《象》曰："夫征不复"，离群丑也；"妇孕不育"，失其道也；"利用御寇"，顺相保也。

六四：鸿渐于木，或得其桷，无咎。

《象》曰："或得其桷"，顺以巽也。

九五：鸿渐于陵，妇三岁不孕，终莫之胜，吉。

《象》曰："终莫之胜吉"，得所愿也。

上九：鸿渐于陆，其羽可用为仪，吉。

《象》曰："其羽可用为仪，吉"，不可乱也。

卦意略解

《渐》在《艮》之后。《艮》告诫人们做事要稳健，《渐》则进一步说怎么保持这种稳健的步伐。《渐》推崇循序渐进。这里用了个比喻，循序渐进就要跟嫁女一样，遵循礼数按部就班来，其实是说做事情要稳扎稳打。

归妹卦第五十四

有始有终

柔顺为本

卦象

卦辞·卦义

归妹：征凶，无攸利。

《彖》曰：归妹，天地之大义也。天地不交而万物不兴。归妹，人之终始也。说以动，所归妹也。"征凶"，位不当也。"无攸利"，柔乘刚也。

《象》曰：泽上有雷，归妹。君子以永终知敝。

爻辞·爻义

初九：归妹以娣。跛能履，征吉。

《象》曰："归妹以娣"，以恒也；"跛能履吉"，相承也。

九二：眇能视，利幽人之贞。

《象》曰："利幽人之贞"，未变常也。

六三：归妹以须，反归以娣。

《象》曰："归妹以须"，未当也。

九四：归妹愆期，迟归有时。

《象》曰："愆期"之志，有待而行也。

六五：帝乙归妹，其君之袂不如其娣之袂良。月几望，吉。

《象》曰："帝乙归妹，不如其娣之袂良"也，其位在中，以贵行也。

上六：女承筐，无实；士刲羊，无血。无攸利。

《象》曰：上六无实，承虚筐也。

卦意略解

渐卦好比按照礼数嫁女，但是归妹卦就不一样了。归妹卦的比喻是说嫁女的时候没按照礼数来，那就可能是凶兆了。太着急了，结果嫁过去不是正妻，是小妾，那就没有什么益处了。归妹卦说的是错过佳期的吉事变成凶事的情况。归妹为什么是凶？主要是行事违背了规则。嫁女在古代有严格的礼仪规范，没有按照这种规则嫁女，就违背了"礼"。归妹卦用这个比喻提醒我们，做事要守规矩，要按部就班，不要操之过急。否则的话，很可能就只看眼前利害，最后弄到自己没有名分，利益自然也就得不到保障。

丰卦第五十五

虚心以待

盈不忘亏

卦象

卦辞·卦义

丰：亨，王假之。勿忧，宜日中。

《彖》曰：丰，大也。明以动，故丰；"王假之"，尚大也；"勿忧宜日中"，宜照天下也；日中则昃，月盈则食；天地盈虚，与时消息，而况于人乎？况于鬼神乎？

《象》曰：雷电皆至，丰。君子以折狱致刑。

爻辞·爻义

初九：遇其配主，虽旬无咎，往有尚。

《象》曰："虽旬无咎"，过旬灾也。

六二：丰其蔀，日中见斗。往得疑疾，有孚发若，吉。

《象》曰："有孚发若"，信以发志也。

九三：丰其沛，日中见沫，折其右肱，无咎。

《象》曰："丰其沛"，不可大事也；"折其右肱"，终不可用也。

九四：丰其蔀，日中见斗，遇其夷主，吉。

《象》曰："丰其蔀"，位不当也。"日中见斗"，幽不明也。"遇其夷主"，吉行也。

六五：来章，有庆誉，吉。

《象》曰：六五之吉，有庆也。

上六：丰其屋，蔀其家，窥其户，阒其无人，三岁不觌，凶。

《象》曰："丰其屋"，天际翔也；"窥其户，阒其无人"，自藏也。

卦意略解

丰卦说的是繁荣，显示了一种完满的状态。但是《易经》一再强调，事物发展到极盛就会转衰，循环往复，丰卦也不例外。《丰》讲的就是如何保持这种繁荣。在繁荣的时候最忌讳不谨慎，只要稍微大意，繁荣的景象就难保了。丰卦说保持丰的一个核心就是"明以动"。"明"说的是方向上要正确，"动"说的是行为要果敢。路线正确，行为恰当，那么盛大的状态才能保持得长久，否则繁荣的景象很快就会衰败掉。

旅卦第五十六

谨言慎行

柔顺持中

卦象

卦辞·卦义

旅：小亨，旅贞吉。

《彖》曰："旅小亨"，柔得中乎外，而顺乎刚，止而丽乎明，是以"小亨旅贞吉"也。旅之时义大矣哉！

《象》曰：山上有火，旅。君子以明慎用刑而不留狱。

爻辞·爻义

初六：旅琐琐，斯其所取灾。

《象》曰："旅琐琐"，志穷灾也。

六二：旅即次，怀其资，得童仆，贞。

《象》曰："得童仆贞"，终无尤也。

九三：旅焚其次，丧其童仆，贞厉。

《象》曰："旅焚其次"，亦以伤矣；以旅与下，其义丧也。

九四：旅于处，得其资斧，我心不快。

《象》曰："旅于处"，未得位也；"得其资斧"，心未快也。

六五：射雉，一矢亡，终以誉命。

《象》曰："终以誉命"，上逮也。

上九：鸟焚其巢，旅人先笑后号啕。丧牛于易，凶。

《象》曰：以旅在上，其义焚也；"丧牛于易"，终莫之闻也。

卦意略解

发展繁盛之后，就会面临原有资源匮乏的状况，这时候就要向外扩张寻找资源。旅卦说的就是出门在外这种漂泊不定的难处。"在家千日好，出门一时难。"旅是走向未知领域去拓展资源的情况，在这种情况下会有很多意想不到的困难迎面扑来，生活和安全都没有一个稳定保障。这时候做事就要多留心，所谓强龙不压地头蛇，不在自己的地盘上，不管你之前有多强，在不熟悉状况时都不要贸然行事。

巽卦第五十七

谦逊收益

利见大人

卦象

卦辞·卦义

巽：小亨，利有攸往，利见大人。

《彖》曰：重巽以申命。刚巽乎中正而志行。柔皆顺乎刚，是以"小亨，利有攸往，利见大人"。

《象》曰：随风，巽。君子以申命行事。

爻辞·爻义

初六：进退，利武人之贞。

《象》曰："进退"，志疑也；"利武人之贞"，志治也。

九二：巽在床下，用史巫纷若，吉，无咎。

《象》曰："纷若之吉"，得中也。

九三：频巽，吝。

《象》曰："频巽之吝"，志穷也。

六四：悔亡，田获三品。

《象》曰："田获三品"，有功也。

九五：贞吉，悔亡，无不利，无初有终。先庚三日，后庚三日，吉。

《象》曰：九五之吉，位中正也。

上九：巽在床下，丧其资斧，贞凶。

《象》曰："巽在床下"，上穷也；"丧其资斧"，正乎凶也。

卦意略解

《旅》之后是《巽》。巽是顺从的意思。谦逊不是卑躬屈膝，而是要保持谦逊的心态，这样才不会因为骄傲自满而忽视一些关键问题。保持谦虚，才能看清楚天道的方向，也就是事物发展的规律。保持谦逊，才能很好地顺应事物发展规律做事情，这样成功就指日可待。

兑卦第五十八

刚中柔外

喜悦祥和

卦象

卦辞·卦义

兑：亨，利贞。

《彖》曰：兑，说也。刚中而柔外，说以利贞，是以顺乎天而应乎人。说以先民，民忘其劳；说以犯难，民忘其死。说之大，民劝矣哉！

《象》曰：丽泽，兑。君子以朋友讲习。

爻辞·爻义

初九：和兑，吉。

《象》曰："和兑之吉"，行未疑也。

九二：孚兑，吉，悔亡。

《象》曰："孚兑之吉"，信志也。

六三：来兑，凶。

《象》曰："来兑之凶"，位不当也。

九四：商兑未宁，介疾有喜。

《象》曰："九四之喜"，有庆也。

九五：孚于剥，有厉。

《象》曰："孚于剥"，位正当也。

上六：引兑。

《象》曰：上六"引兑"，未光也。

卦意略解

兑是悦的通假字。兑卦其实就是关注"悦"在趋吉避凶时候的作用。兑卦说到保持愉悦就会亨通。要用愉悦来保持亨通，一个秘诀在于"刚中柔外"，就是外圆内方。"外圆"能够让你做到跟别人和睦、诚信地相处，这样你就能够和别人共享愉悦。"内方"会让你头脑清楚、心态端正。

涣卦第五十九

拯救涣散

由散转聚

卦象

卦辞·卦义

涣：亨，王假有庙。利涉大川，利贞。

《彖》曰："涣，亨"，刚来而不穷，柔得位乎外而上同。"王假有庙"，王乃在中也。"利涉大川"，乘木有功也。

《象》曰：风行水上，涣。先王以享于帝立庙。

爻辞·爻义

初六：用拯马壮，吉。

《象》曰：初六之吉，顺也。

九二：涣奔其机，悔亡。

《象》曰："涣奔其机"，得愿也。

六三：涣其躬，无悔。

《象》曰："涣其躬"，志在外也。

六四：涣其群，元吉。涣有丘，匪夷所思。

《象》曰："涣其群元吉"，光大也。

九五：涣汗其大号，涣王居，无咎。

《象》曰："王居无咎"，正位也。

上九：涣其血，去逖出，无咎。

《象》曰："涣其血"，远害也。

卦意略解

愉悦过头了就是涣散。涣卦说的是处于高散的状态下怎么控制这种散。怎么让散变得吉祥？这就要做到"治乎散，亦本于中"，这个"中"就是内在，是聚散的根本，治散抓住根本就行了。一个组织散没散不能看外表的结构，要看这个组织里的人心，如果人心聚拢，那么就是形散神不散，这就是亨通之象。

节卦第六十

安守本分

有节方成

卦象

卦辞·卦义

节：亨。苦节，不可贞。

《彖》曰："节亨"。刚柔分而刚得中。"苦节不可贞"，其道穷也。说以行险，当位以节，中正以通。天地节而四时成。节以制度，不伤财，不害民。

《象》曰：泽上有水，节。君子以制数度，议德行。

爻辞·爻义

初九：不出户庭，无咎。

《象》曰："不出户庭"，知通塞也。

九二：不出门庭，凶。

《象》曰："不出门庭凶"，失时极也。

六三：不节若，则嗟若，无咎。

《象》曰："不节之嗟"，又谁咎也？

六四：安节，亨。

《象》曰："安节之亨"，承上道也。

九五：甘节，吉，往有尚。

《象》曰："甘节之吉"，居位中也。

上六：苦节，贞凶，悔亡。

《象》曰："苦节贞凶"，其道穷也。

卦意略解

　　节卦说的就是节制的艺术，散要是没有得到有效遏制最后就会演变为消亡。节其实主要是针对散来说的，根本在于强调适度、节制。节制会带来亨通，因为节制本质上是一种比较谨慎保守的策略，从实用的角度看它的安全系数其实很高，做一件安全系数高的事情，基本都会顺利。节其实就是节制、泰然、安定，说白了就是处事不惊，平淡之中见真章。这就了不起了，有这种心态一般做事都很亨通。

中孚卦第六十一

诚信立身
万事皆顺

卦象

卦辞·卦义

　　中孚：豚鱼，吉。利涉大川，利贞。

　　《彖》曰："中孚"，柔在内而刚得中，说而巽，孚乃化邦也。"豚鱼吉"，信及豚鱼也；"利涉大川"，乘木舟虚也；中孚以利贞，乃应乎天也。

《象》曰：泽上有风，中孚。君子以议狱缓死。

爻辞·爻义

初九：虞吉，有它不燕。

《象》曰：初九"虞吉"，志未变也。

九二：鸣鹤在阴，其子和之。我有好爵，吾与尔靡之。

《象》曰："其子和之"，中心愿也。

六三：得敌，或鼓或罢，或泣或歌。

《象》曰："或鼓或罢"，位不当也。

六四：月几望，马匹亡，无咎。

《象》曰："马匹亡"，绝类上也。

九五：有孚挛如，无咎。

《象》曰："有孚挛如"，位正当也。

上九：翰音登于天，贞凶。

《象》曰："翰音登于天"，何可长也？

卦意略解

《中孚》就是强调诚信。没有小计谋、小算计的诚信是吉祥的，这是说明有节制就能更好地走中庸之道。《中孚》的核心就是说与人交往的时候要"中心诚信"。跟人交往要保持诚信，即便被别人误会、有了矛盾的时候，也要把握好自己的分寸。不食言，但是也不固执，发自内心地以诚待人，这样做事一定亨通。但在诚信待人的时候，还要注意分辨别人是否诚信，这就需要头脑清楚、眼光锐利。

小过卦第六十二

谦恭卑柔

行动有度

卦象

卦辞·卦义

小过：亨，利贞。可小事，不可大事。飞鸟遗之音，不宜上，宜下，大吉。

《彖》曰：小过，小者过而亨也。过以利贞，与时行也。柔得中，是以小事吉也；刚失位而不中，是以不可大事也。有飞鸟之象焉，"飞鸟遗之音，不宜上，宜下，大吉"，上逆而下顺也。

《象》曰：山上有雷，小过。君子以行过乎恭，丧过乎哀，用过乎俭。

爻辞·爻义

初六：飞鸟以凶。

《象》曰："飞鸟以凶"，不可如何也。

六二：过其祖，遇其妣。不及其君，遇其臣，无咎。

《象》曰："不及其君"，臣不可过也。

九三：弗过防之，从或戕之，凶。

《象》曰："从或戕之"，凶如何也！

九四：无咎，弗过遇之；往厉必戒，勿用，永贞。

《象》曰："弗过遇之"，位不当也；"往厉必戒"，终不可长也。

六五：密云不雨，自我西郊；公弋取彼在穴。

《象》曰："密云不雨"，已上也。

上六：弗遇过之；飞鸟离之，凶，是谓灾眚。

《象》曰："弗遇过之"，已亢也。

卦意略解

小过卦的主旨是只要心中有诚信，即使有小的过错，最后也没什么凶险。在《易经》看来，小事上的过错，只要不损害大节，其实在某种程度上是可以容忍的。那么怎么判断哪些过错是小过错？这就要看清楚自己的位子，也就是看清楚自己的实力，这样才能清楚哪些事对自己而言是小事、哪些事是大事。《小过》的深意就是让我们分清楚轻重缓急，这样在做事的时候才能做到抓大放小，不会因为老是纠结小失误而影响自己事业发展。

既济卦第六十三

事有所成

重在持守

卦象

卦辞·卦义

既济：亨小，利贞；初吉终乱。

《彖》曰："既济，亨"，小者亨也。"利贞"，刚柔正而位当也；"初吉"，柔得中也；"终止则乱"，其道穷也。

《象》曰：水在火上，既济。君子以思患而豫防之。

爻辞·爻义

初九：曳其轮，濡其尾，无咎。

《象》曰："曳其轮"，义无咎也。

六二：妇丧其茀，勿逐，七日得。

《象》曰："七日得"，以中道也。

九三：高宗伐鬼方，三年克之，小人勿用。

《象》曰："三年克之"，惫也。

六四：繻有衣袽，终日戒。

《象》曰："终日戒"，有所疑也。

九五：东邻杀牛，不如西邻之禴祭，实受其福。

《象》曰："东邻杀牛"，不如西邻之时也；"实受其福"，吉大来也。

上六：濡其首，厉。

《象》曰："濡其首厉"，何可久也？

卦意略解

"既"是已经，"济"指代渡河，合起来理解就是已经渡过河了，比喻一件事情已经做完了，有大功告成的含义在里面。但既济卦强调一点，就是在渡过河之后要小心"初吉终乱"的情况。一件事情做成了，其实并不是完整的一个结束，它只是小亨通，这个时候其实还是靠不住的，还要再把眼光看长远一点。如果这时候觉得大功告成、可以躺下休息了，其实是有危险的，这个时候你要是停下来，那就会"初吉终乱"。要避免"初吉终乱"的一个关键就是：心要稳！这时候你处于一种不安稳的成功大环境，所以不要为一些小失小得乱了阵脚。心稳就能分得清轻重，有长远的谋划。心稳就能筹谋长远，才能为将来的危机多做打算。

未济卦第六十四

万物循环

审慎进取

卦象

卦辞·卦义

未济：亨。小狐汔济，濡其尾，无攸利。

《彖》曰："未济，亨"，柔得中也。"小狐汔济"，未出中也；"濡其尾，无攸利"，不续终也。虽不当位，刚柔应也。

《象》曰：火在水上，未济。君子以慎辨物居方。

爻辞·爻义

初六：濡其尾，吝。

《象》曰："濡其尾"，亦不知极也。

九二：曳其轮，贞吉。

《象》曰：九二贞吉，中以行正也。

六三：未济，征凶，利涉大川。

《象》曰："未济征凶"，位不当也。

九四：贞吉，悔亡；震用伐鬼方，三年，有赏于大国。

《象》曰："贞吉悔亡"，志行也。

六五：贞吉，无悔；君子之光，有孚吉。

《象》曰："君子之光"，其晖吉也。

上九：有孚于饮酒，无咎；濡其首，有孚失是。

《象》曰："饮酒濡首"，亦不知节也。

卦意略解

未济卦是《易经》的最后一卦，很有深意，是说事物的发展是无穷尽的，所以没有"最后"，所谓的终结也仅仅是一个新开始。看似有结果的事情，如果不注意，其实在未来也会被反转的。"未济"的真意是说一切都是未完成的，所以要自强不息，努力向前看，自强不息，就能从昨天的失败中走出来，迎接明天的胜利。整个六十四卦，从"天行健"的乾卦开始到未济卦，其实又回到最初的"君子自强不息"。

后记

　　《易经》充满了人生智慧，显微而阐幽，彰往而察来，隐藏着"天道大律"。其论述人世间各种事理，如人生、婚姻、家庭、团队、战争、社会、国家等，也折射着亘古的管理和投资智慧。

　　《易经》中隐藏着无穷的奥秘，常常会出人意料地将事物的发展变化趋势展露在世人面前，启迪人们去思索并寻求事物的缘由和真谛。许多优秀的企业家深受《易经》影响，并在企业管理中注入这些古老的智慧，香港鼎益丰国际集团（简称"鼎益丰"）就是其中一例。"鼎益丰"取名于《易经》六十四卦的"鼎卦""益卦""丰卦"，寓意着巨大的承载力、感召力及惠济力。鼎益丰将东方传统文化应用于现代金融投资与文化投资领域，以自身独特的"东方古典哲学价值投资理论体系"进行业务布局与远景规划，在诸多领域进行了深入探索与创新，开辟出一条将中华优秀传统文化应用于企业经营及管理的创新之路。鼎益丰通过自身科学独特的管理方法和经营方式，完成了多例成功的大型并购案例，拥有丰富的金融投资产业运作经验。

《易经》连同《道德经》《庄子》等道家经典，通过不断地提醒我们生命的相互性、相和性与内在联系性来抓住万事万物的统一性。掌握财富并无捷径可登，人生起伏更是平常，但是中华优秀传统经典带给我们的是荣辱不惊的淡然，是遭遇挫折的不屈不折，是始终良好的心态。

本书对于《易经》的阐述和分析，具有简洁、通俗和明晰的特点，以期读者通过阅读本书，对人生、对投资有所裨益。

陈荣耀

2022 年 1 月

参考文献

1. 陈荣耀.企业家论纲——价值流、思维流的构造与创新[M].北京：科学出版社，2006.

2. 陈荣耀.企业伦理——一种价值理念的创新[M].北京：科学出版社，2006.

3. 陈荣耀.规则革命——中国经济现代化的路径探索[M].北京：科学出版社，2014.

4. 陈荣耀.企业理论与企业行动纲领[M].吉林：吉林大学出版社，2022.

5. 中国古代管理思想编写组.中国古代管理思想[M].北京：企业管理出版社，1986.

6. 叶世昌 . 古代中国经济思想史 [M]. 上海：复旦大学出版社，
2003.

7. 钟祥财 . 中国农业思想史 [M]. 上海：上海交通大学出版社，
2017.

8. 张海英 . 走向大众的"计然之术"——明清时期的商书研究 [M].
北京：中华书局，2019.

9. 郑红峰 . 周易全书 [M]. 北京：光明日报出版社，2016.

10. 史力生 . 易经与管理决策 [M]. 广东：花城出版社，2006.

11. 单翔，苏睿纳，梁琦 . 中国式投资：周易六十四卦破解六十四
个全球并购案例 [M]. 北京：中信出版社，2014.

12. 浩之 . 图解周易大全 [M]. 内蒙古：内蒙古文化出版社，2011.

13. 林少华 . 易经（典藏版）/ 百部国学传世经典 [M]. 广西：漓江
出版社，2017.

14. 李瑞智，李书仓 .《易经》、科技与全球知识经济 [J]. 国际汉
学，2015（03）：5-12.

15. 杨天才，张善文 . 中华经典名著全本全注全译丛书——周易
[M]. 北京：中华书局，2011.